세상을 바꾼 맛

세상을 바꾼 맛

© 정한진 2013

초판 1쇄 발행 | 2013년 2월 28일
초판 3쇄 발행 | 2019년 8월 15일

지은이 | 정한진
펴낸이 | 김한청
편집 | 신한샘
마케팅 | 최원준, 최지애
디자인 | 서정희
펴낸곳 | 도서출판 다른
출판등록 | 2004년 9월 2일 제 310-2004-00016호
주소 | 서울시 마포구 동교로27길 3-12, N빌딩 2층
전화 | 02 3143 6478
팩스 | 02 3143 6479
블로그 | http://blog.naver.com/darun7

ISBN 978-89-92711-79-1 44900
ISBN 978-89-92711-70-8 (set)

이 도서의 국립중앙도서관 출판시도서목록(CIP)은 e-CIP홈페이지(http://www.nl.go.kr/ecip)와
국가자료공동목록시스템(http://www.nl.go.kr/kolisnet)에서 이용하실 수 있습니다.
(CIP제어번호: CIP2013000924)

세상을 바꾼 맛

세상을 움직인
먹을거리 이야기

정한진 지음

다른

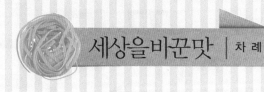

세상을바꾼맛 | 차례

먹을거리가 세상을 움직인다 | 머리말

"먹을 것 없어?"

집에 들어서자마자 부엌과 냉장고를 뒤진다. 한참 자랄 무렵에는 먹어도 먹어도 배가 고프다. 예전에 형제가 많은 집은 쌀독에 구멍 난다는 말도 있었다. 요즘에는 텔레비전 맛 프로그램에서 평일 저녁이나 휴일 점심 무렵에 다소 과장되고 소란스럽게 맛있는 음식을 소개하면 저절로 군침이 돈다. 거리 음식점에서 풍겨 나오는 맛있는 냄새 또한 식욕을 자극한다. 사람에게 먹을거리는 생존을 위해 꼭 필요한 것일 뿐만 아니라 즐거움을 주는 기호품이기도 하다.

먹을거리는 우리의 삶과 결코 떼어낼 수 없다. 하루 일과에서 요리하고 먹는 일을 빼놓을 수 없으며, 맛있는 것에 대한 이야기 또한 빠질 수 없다. 먹고 요리하는 것은 가장 기본적인 문화적 표현이다.

더 나아가 먹을거리는 한 사회의 흥망을 결정짓기도 한다. 먹을거리가 제대로 공급되지 않으면 굶주리는 사람이 늘어나고, 배부른 사람과 배고픈 사람 사이에 갈등이 일어나 결국에는 기존의 사회 체

제가 전복되고 만다. 따라서 예로부터 동서양의 군주들은 먹을거리를 확보하고 안정적으로 공급하는 것을 가장 중시해 왔다.

　음식은 사회적 지위를 나타내기도 한다. 지금은 학교 급식이 있어 도시락을 싸 가지 않지만 예전에는 도시락에 계란 프라이나 계란말이, 소시지 부침이 있는 아이는 부러움의 대상이었다. 흰 쌀밥에 고깃국을 먹는 게 소원이었던 시절도 있었다. 서양에서도 흰 빵에 신선한 고기를 먹는 사람은 오랫동안 상류층에 국한되어 있었다. 게다가 구하기 어렵거나 이국적인 식품은 희소가치 때문에 쉽게 접할 수 없었고, 그러한 재료로 만든 음식을 먹는다는 것은 우월한 사회적 지위를 드러내는 표시였다. 무엇을 먹느냐뿐만 아니라 어떻게 먹느냐도 중요하다. 음식과 더불어 식탁 예절과 화려한 식기들도 신분의 차이를 드러냈다.

　먹을거리는 인간의 생존을 위해 필요한 존재, 그 이상이다. 인류 역사 속에서 먹을거리를 확보하기 위한 노력과 투쟁은 끊임없이 이어져 왔다. 인류의 문명은 안정적으로 농사를 짓기 위해 물을 대기

쉬운 강을 중심으로 발달했다. 그러나 강물은 때때로 사람이며 집이며 가축들을 마구 집어삼키고는 했다. 따라서 강물의 변화를 예측하고 체계적으로 물을 관리할 수 있는 능력이 필요했고, 이러한 능력이 수학과 천문학 같은 과학으로 발전하게 되었다. 그리고 농사를 지어 운반하고 저장하고 가공하기 위해 도구와 기술이 발달하며 문명이 발전했다.

먹을거리를 향한 호기심은 문명의 교류를 이끌기도 했다. 향신료를 구하기 위해 아랍인들과 로마인들은 기원전부터 바다를 항해해 동방의 인도로 향했다. 스페인은 향신료를 구하기 위해 새로운 바닷길을 찾아 탐험을 떠났다가 신대륙 아메리카를 발견했고, 포르투갈은 새로운 인도 항로를 찾아 향신료 무역을 독점할 수 있었다. 인간에게 필수적인 음식인 소금은 국가를 통제하는 수단으로 적합했고, 국가가 소금의 거래와 판매를 통제하면서 필요한 세수를 확보하였다. 그러나 지나친 염세 제도는 국민들의 분노를 자아내 프랑스 혁명으로 이어지기도 했다.

먹을거리는 단순히 배를 불리기 위한 용도가 아니라 큰돈을 벌어다 주는 국제적인 무역 상품이기도 했다. 향신료와 소금 같은 귀한 음식을 무역하는 나라는 큰 부를 쌓았고 주도권을 쥐기 위해 많은 나라들이 경쟁하였다. 중세 유럽인들의 단백질 공급원이었던 청어와 대구는 유럽 여러 나라를 바다로 진출하게 했고, 바다 위에서 황금 어장을 차지하기 위한 전쟁이 벌어지기도 했다. 네덜란드는 청어잡이로 강력한 해상 국가가 되어 멀리 인도와 동남아시아까지 진출하여 향신료 무역권을 독점할 수 있었다.

신대륙은 유럽에 기근을 해결할 감자와 옥수수를 비롯하여 고추, 코코아 같은 새로운 먹을거리를 가져다주었다. 신대륙은 또 다른 용도로 유럽인들의 관심을 끌었다. 돈이 되는 작물을 대규모로 재배하는 플랜테이션 농장이 신대륙 식민지 곳곳에 생겨났고 노동력을 충당하기 위해 아프리카 흑인들을 노예로 잡아오는 노예무역이 시작되었다. 이를 계기로 전 세계에 식민지를 차지하기 위한 쟁탈전이 벌어졌다. 플랜테이션 농장으로 피폐해진 식민지의 피해는 아직까지

계속되고 있다.

과학 기술의 발달 또한 식생활에 많은 변화를 가져왔다. 냉장, 냉동 기술은 많은 사람들에게 신선한 식품을 즐길 수 있는 미각의 즐거움을 가져다주고 육류와 생선 시장의 한계를 무너뜨렸다. 음식을 분석하여 질병을 치료할 수 있는 성분을 밝혀내기도 했다. 그러나 과학 기술로 인공적으로 만든 식품첨가물과 합성조미료, 유전자 조작 식물에 대한 논란은 끝이지 않을 듯하다.

20세기 말 전 세계는 광우병의 공포에 휩싸였고, 구제역과 조류 독감은 수시로 찾아와 수많은 가축을 죽음으로 몰아넣고 먹을거리의 안전을 위협하고 있다. 대량으로 가축을 사육하는 공장식 축산은 이전보다 육류를 안정적으로 풍부하게 제공했지만, 다른 한편으로는 인류의 건강을 위협하고 환경 파괴에 일조하고 있다. 또한 전 세계 곡물이 인간을 위한 식량에서 가축을 위한 사료로 전환하는 기이한 현상이 일어나고 있다. 지구상에서 생산되는 전체 곡식의 3분의 1을 육우와 다른 가축들이 먹어치움으로써 수많은 사람들이 기아와 영양실조에 허덕이는 '위대한 모순' 이 창조되고 있다.

먹을거리는 삶 그 자체와 인류의 역사 속에 녹아 있고 우리 삶과 역사를 바꾸어 왔다. 이러한 먹을거리의 역사를 신맛, 짠맛, 쓴맛, 매운맛, 단맛, 감칠맛 등 여섯 가지 맛 속에서 살펴보고자 한다. 그리고 새로운 맛을 찾아가면서 미래의 먹을거리와 삶을 그려 볼 것이다.

문명의시작
요리

"요리법의 도입은 원초적 동물 상태의 사람을
보다 완전한 인간으로 만드는 데
결정적인 요인이 되었다."

– 인류학자 칼터 쿤

•• 인간이 다른 동물과 구별되는 점은 무엇일까? 먹는 행위를 놓고 보면 재료를 요리해서 먹는다는 점이 가장 큰 차이일 것이다. 최초의 요리는 불에 구워 먹는 것이었다. 음식을 익혀 먹게 되면서 인간은 더 건강해지고 수명도 연장되었다.

먹을거리를 확보하기 위한 노력은 자연스럽게 문명의 형성으로 이어졌다. 인간은 농사를 짓기 위해 땅이 비옥하고 물 대기 좋은 강가에 모여 살게 되었다. 수확량이 늘어나자 사유 재산과 잉여 농산물이 생기면서 도시가 형성되고, 강력한 군주가 나타나 체계적인 조직을 갖춘 국가가 만들어지게 되었다. 따라서 요리를 하기 시작했다는 것은 인류 문명의 시발점이라 할 수 있다. ••

인류, 농부가 되다

1만여 년 전 빙하기가 끝나고 지구가 따뜻해지기 시작했다. 빙하는 북쪽으로 물러나고 초목 지대가 나타났다. 따뜻한 바람이 불면서 야생 곡물들이 자라는 대초원이 형성되었고, 들판 가장자리 숲에는 작은 동물들이 모여들었다. 인류는 열매를 따거나 식물의 씨앗을 채집하고 야생 동물을 사냥하여 먹을거리를 구했다. 거대한 동물을 사냥하는 일은 많은 위험을 감수해야 했고 식물의 열매를 따려면 주변 지역을 돌아다녀야 해서 식량을 확보하기에는 불안정했다.

그러다 사람들은 이런 생각을 하게 되었다. 야생 곡물을 직접 재배하면 어떨까? 야생 동물을 길들이면 어떨까?

인류가 처음으로 재배한 작물은 보리, 호밀, 귀리 따위라고 한다. 여러 야생 잡풀 가운데 가장 먹기 적합한 식량으로 선택된 것이다. 사람들은 오랜 관찰을 통해 식물이 씨앗에서 싹이 돋아 자라고 열매를 맺는다는 사실은 이미 터득했을 것이다. 가장 오래된 농사법은 화전법이다. 들판에 불을 놓아 잡목과 잡초를 제거하고 거기에 씨앗을 뿌리는데, 재가 양분이 되어 더 많은 곡식을 얻게 해 주었다.

신석기 시대 초기 수천 년 동안에는 작물 재배에 있어 많은 발전이 있었으나 화전 농법 때문에 숲과 목초지들이 계속해서 파괴되어 갔다. 또한 곡물이 자라는 들판에는 해충이 번식했고, 곡식을 저장하는 창고에는 쥐나 다람쥐 같은 설치류가 급격하게 늘어 갔다. 결국 농사를 지으며 땅에서 얻을 수 있는 것은 모두 가져가고 되돌려 주는 것이 없자, 토지는 2~3년 만에 기력을 소진하고 말았다. 새로운 농경지를 확보하기 위해 또 다른 숲과 목초지를 불태우는 일이 계속되면서 신석기 시대 초기에 광범위한 녹지들이 파괴되었다. 숲과 녹지의 파괴는 홍수와 가뭄 조절 기능을 떨어트려 토지의 황폐화를 가속화시켰다.

 때로는 목동, 때로는 어부

들판에 자라는 야생 곡물은 인간에게도 먹을거리를 제공했지만 동물에게도 마찬가지였다. 초식동물들이 마구 야생 곡물을 먹어치우자 인간은 들판을 지킬 방법을 찾아야 했다. 그리고 영리하게도 야생 동물을 몰살하기보다는 길들이는 방법을 택했다. 동물을 길들이면 곡식도 안전하게 지키고, 고기도 얻을 수 있었다.

이렇게 해서 처음으로 길들인 동물이 양과 염소였다. 양과 염소는 한 마리가 가면 다른 무리들이 따라가는 군거성 동물이기 때문에 길들이기에는 비교적 쉬웠을 것이다. 양은 기원전 8900년 무렵부터 길들이기 시작했다. 따뜻한 양털과 고기를 제공하는 양은 가축으로서 더 할 나위 없이 좋았다. 하지만 한 마리가 일주일 동안 자기 체중의 100배나 되는 풀을 먹어치우는 대식가라 목축 초기에는 새로운

기원전 3000년경에 그려진 북아프리카 타실리나제르 암벽화

목초지를 찾아 계속 이동해야만 했을 것이다. 염소는 고기와 방수되는 털가죽을 제공했으며 최초로 길들이기 시작한 곳은 이란 북서부 자그로스 산맥으로 추정된다.

돼지는 기원전 7000년쯤부터 사육하였고, 소는 이보다 1,000년 늦게 사육하기 시작했다고 추정한다. 소를 최초로 길들이기 시작한 곳은 중앙아시아나 사하라 지역이었을 거라고 한다. 당시 이 지역은 지금처럼 사막이 아니라 초원 지대였다. 돼지와 소는 가죽과 기름, 고기를 제공했으며 소는 농사를 지을 때 쟁기를 끄는 일꾼이 되어 주기도 했다. 낙타는 기원전 2200년쯤부터 아라비아 남부 지역에서 길들여지기 시작했다.

생선이나 갑각류 또한 아주 오래전부터 인간의 먹을거리로 이용되었다. 화석 잔해로 10만 년 전 구석기 초기부터 물고기를 잡아먹었음을 알 수 있다. 구석기 시대나 신석기 시대의 유적지들이 바닷가나 강가에서 많이 발견되는 이유도 안정적으로 먹을거리를 구할 수 있는 장소였기 때문이다.

낚시 도구와 낚시 방법 또한 점차 발전했다. 구석기 시대에 이미 미끼를 이용해 물고기의 턱을 꿰는 낚싯바늘이 개발되었으며, 기원전 1만 년쯤에는 물고기를 잡는 데 작살을 이용하였다. 나뭇가지를 엮어 물줄기를 막아서 물고기를 잡기도 했다. 기원전 8000년쯤에는 근처 바다로 나가 어망으로 물고기를 잡았다. 이는 많은 사람들이 함께 물고기를 잡는 체계적인 어업으로 발전하였다.

언제 무엇을 시작했을까?

기원전 100만~50만 년	불의 발견
기원전 10만 년	언어의 사용
기원전 3만 3000년	동굴에 벽화 그리기
기원전 1만 4000년	개의 가축화
기원전 8900년	양, 염소의 가축화
기원전 8000년	빙하기가 끝나고 농사 시작
기원전 7000년	밀과 보리 재배 시작
기원전 4000년	벼 재배
기원전 3000년	옥수수, 고추, 강낭콩 재배

요리의 시작, 불의 사용

이제 불 없이는 요리할 생각은 꿈도 꿀 수 없다. 그러나 수십만 년 동안 선사 인류는 날 음식을 먹었다. 그러다가 기원전 50만 년 무렵부터 먹을거리를 불에 익혀 먹기 시작했다. 그런데 어떻게 처음에 불을 사용하여 요리할 생각을 하게 되었을까? 어쩌면 누군가 불 옆에서 생고기를 먹다가 실수로 고기를 불 속에 떨어뜨렸을지도 모른다. 또는 낙뢰가 떨어져 숲이 불탔는데 숲에 살던 짐승들이 불에 익어 버린 것을 발견했을지도 모른다. 구운 고기는 맛도 있고 먹기에도 좋았다. 또한 추운 날씨에는 따뜻한 음식이 더 좋았다.

불을 사용하면서 가장 기본적이고도 원시적인 '요리'가 가능해졌고 이전까지 소화시킬 수 없었던 음식도 먹을 수 있게 되고 음식의 영양가도 높아졌다. 즉 익힌 음식을 먹게 되면서 인간은 건강도 더 좋아지고 수명도 더 길어졌다.

불에 굽는 방법은 나날이 발전하였다. 불에 직접 구우면 타는 부분이 많으므로 식물의 잎사귀로 고기를 싸서 구워 고기가 타지 않도록 했다. 또한 타다 남은 불에 고기를 구우면 손실이 더 적다는 것도 알게 되었다. 그리고 오늘날의 바비큐처럼 고기를 꼬챙이에 꿰어 불 위에 매달아 놓고 슬슬 돌려 가면서 익히는 방법뿐만 아니라 더 빨리 구울 수 있게 고기를 작게 잘라 꼬챙이에 꿰어 굽는 꼬치구이 요리법도 개발되었다. 더 나아가 구덩이에 뜨거운 숯불이나 달군 조약

돌을 넣고 그 위에 잎사귀로 싼 먹을거리를 얹은 다음 다시 흙을 덮어 익히는 방법도 있었는데 그렇게 하면 더 촉촉하고 맛있게 요리가 되었다.

그다음에 삶는 요리법도 등장했다. 기원전 5000년쯤에 구덩이에 물이 새지 않도록 납작한 돌을 겹쳐 깔고 물을 부은 뒤 불에 달군 돌을 넣어 물을 끓이는 방법을 이용했다. 그리고 거북 껍데기나 조개 껍데기를 그릇 대신 사용한 흔적도 발견되었다. 아시아에서는 주변에서 많이 자라는 대나무를 이용하여 삶는 요리를 했을 것으로 짐작된다. 대나무 한쪽 끝을 흙으로 막고, 속이 빈 부분에 고기 조각과 액체를 넣은 다음에 다른 한쪽 끝을 마저 막고 끓이는 것이다. 기원전 7000년 무렵에 중앙아메리카 멕시코 만 남서쪽 지역에 살던 동굴 거주민들은 오목한 돌냄비를 만들어 화톳불 위에 항시 두고 사용하였다. 하지만 돌냄비가 무겁기 때문에 한 곳에 오래 머물 때만 돌냄비를 만들었을 것이다. 그리고 또 다른 지역에서는 동물의 위에 살코기와 물을 넣고 모닥불 위에 걸어 놓고 끓여 먹기도 했다.

밥이냐, 빵이냐

야생 곡물은 껍질이 잘 벗겨지지 않는다. 그러나 불에 살짝 구우면 껍질이 부스러지면서 잘 벗겨진다. 사람들은 구운 이삭을 평평한 돌

위에 놓고 다른 돌로 문지르거나 절구를 사용하여 껍질을 벗겼다. 그러나 껍질이 다 벗겨지지 않아 조잡하게 탄 곡물 부스러기가 만들어 졌을 것이다. 이 곡물 부스러기로 할 수 있는 가장 간단하면서도 소화하기 좋은 요리는 미음이나 죽처럼 끓이는 것이었다. 내열 방수 토기가 등장한 뒤부터 이러한 요리법이 많이 사용되었다. 아니면 구운 곡물을 절구에 빻은 다음 물과 섞어 곡물 반죽 상태 그대로 먹기도 하였다.

그러던 어느 날 불 옆 뜨거운 돌 위에 무심코 곡물 반죽을 놓아두 었는데, 겉이 바삭한 빵이 되어 있는 것을 발견하게 되었을 것이다. 기원전 4000년 무렵 효모를 넣지 않은 무발효빵이 오늘날의 이라크 지역인 메소포타미아 문명권에서 등장하기 시작했다. 인도의 치파티나 멕시코의 토르티야가 발효시키지 않은 밀가루 반죽을 얇게 구

....
치파티는 북인도 지방의 주식이며 밀가루를 반죽하여 둥글고 얇게 만들어 구운 음식이다.

워 낸 무발효빵이다.

식빵, 단팥빵을 비롯해 오늘날 우리가 먹는 빵은 대부분 발효빵이다. 발효빵 또한 우연히 발견되었을 것이다. 어떤 정신없는 사람이 곡물 반죽을 까먹고 있다가 뒤늦게 확인했는데 그새 자연발효가 일어나 반죽이 부풀어 올랐을 테고, 버리자니 아깝고 해서 한번 구워 봤는데 빵이 훨씬 더 부드러운 것이다. 종종 이런 일이 반복되자 그 과정을 신중하게 재현해 보려고 노력했을 것이다. 처음에는 발효될 때까지 반죽을 방치해 두었다가 빵을 만들었다. 그러다가 그 전날 만들었던 빵의 반죽을 조금 떼어 두었다가 새로운 반죽에 넣어 만들었다. 또는 맥주의 거품에서 얻은 효모를 반죽에 넣어 발효시키는 방법도 쓰였다고 한다.

다른 한편에서는 쌀을 주식으로 살아 왔다. 현재 전 세계 인구의 5분의 3이 쌀을 주식으로 먹는다. 쌀의 기원에 대해서는 여러 설이 있으나 인도나 동남아시아에서 비롯되었다는 설이 유력하다. 7,000여 년 전 벼농사가 중국 양쯔강 하류까지 전해졌고 황하 유역에는 약 5,000년 전에 전해진 것으로 보고 있다. 벼가 중국으로 전해지기 전에 중국 북부 지방에서는 밀과 기장을 재배하였다. 오늘날에도 중국 북부에서는 밀농사를 많이 짓고, 국수와 만두 등을 즐겨 먹는다.

우리나라에는 약 4,500~5,000년 전에 중국에서 전해진 것이 분명한데, 그 경로는 몇 가지 가설이 있으나 중국의 황하 유역 또는 산둥 반도에서 한강 하류로 들어왔을 가능성이 높다. 일본에는 가장 오래된 발굴 유적에 따르면 약 2,500~3,000년 전쯤에 한반도 남부에서 규슈 북서부 지역으로 전파되었을 것이라는 추정이 유력하다.

쌀과 밀이 생산되는 자연환경과 조리할 때의 특성에는 많은 차이가 있다. 벼는 아시아를 중심으로 습윤한 지대에 알맞고, 밀은 비교적 춥고 건조한 지역에서 잘 자란다. 벼 이삭의 경우 겉껍질 제거가 비교적 쉽고 배젖이 단단해 알갱이 형태로 쌀을 얻을 수 있다. 그래서 쌀은 그대로 찌거나 물을 넣어 끓여서 알갱이 형태로 먹기에 적합하다. 밀은 겉껍질이 벗기기 힘들고 알맹이가 쉽게 부서진다. 그래서 가루로 만들어 반죽하여 빵과 국수를 만들어 먹기에 좋다. 또한 밀은 쌀에 비해 글루텐 성분이 많아 빵이나 국수를 만들기에 적합한 곡물이다. 곡물이 자라는 환경과 그 곡물을 조리하기에 편한 방법이 밥을 주로 먹는지, 빵을 주로 먹는지를 결정지었다고 볼 수 있다.

잉여 농산물과 도시의 탄생

사람들은 농사를 짓기 위해 비옥하고 물 대기 좋은 곳에 모여 살기 시작했다. 이집트 나일 강은 하구 평야에 비옥한 토양을 운반해 주고 범람할 때마다 영양분 풍부한 화산재를 다시 채워 주었다. 유프라테스 강과 티그리스 강 사이에 위치한 메소포타미아는 고원의 눈 녹은 물이 흐르면서 매년 많은 양의 양분을 보태어 주었다. 그래서 인류 문명은 토지가 비옥한 나일 강, 유프라테스 강과 티그리스 강, 인더스 강, 황하 강 유역을 중심으로 형성되었다.

사람들은 물가에 제방을 쌓고 관개기술을 개선하고 수로를 멀리까지 확장해서 수확량을 늘렸다. 그러다 보니 필요한 양보다 수확량이 더 많아졌고, 남는 생산물을 처리할 방법이 필요했다. 그 결과 물물교환과 교역이 일어났고, 누군가는 굳이 농사를 짓지 않아도 되니 다른 일을 하는 사람이 등장하고 사유 재산가가 나타났다. 이로써 혈연 중심의 씨족사회는 해체되었으며 빈부의 차는 계급을 발생시켰다. 그리고 지배 계급은 군사와 정치 조직을 갖춘 국가를 만들었다.

기원전 3000년경 지금의 이라크 지역을 관통하는 티그리스 강과 유프라테스 강 사이의 초승달 지대에서 형성된 메소포타미아 문명에서 초기 도시국가가 등장했다. 메소포타미아 도시는 성벽으로 둘러싸여 있고, 성벽 안에는 신전과 가옥들이 있었다. 수천 명의 사람들이 도시에 모여 살게 되자 사회 조직이 필요하게 되었고, 기원전 1760년 무렵에는 함무라비 법전이 등장했다. 이 고대 바빌로니아의 법전은 세계에서 가장 오래된 성문법이다. 법전에서는 관개 운하의 정비부터 결혼, 이혼, 건축, 범죄의 처벌 등 모든 생활을 규정하고 있다.

이집트 나일 강가에 거주하는 주민들은 나일 강 범람 시기에 맞추어 곡물을 경작하는 법을 알았다. 6월부터 올라오는 나일 강의 수

위는 9월이 되면 최고조에 이르고 10월이 되면 내려간다. 강물이 물러나고 나면 에티오피아 고원에서 쓸려온 비옥한 검은 흙이 대지를 뒤덮는다. 새 흙에 사람들이 씨를 뿌리면 양분이 충분한 토양에서 곡물이 잘 자라 5월이면 추수가 가능했다.

밀과 보리가 잘 자라자 식량 창고를 지어 수확물을 저장할 필요가 생겼고, 이를 관리하는 일 또한 중요해졌다. 곡식을 해치는 온갖 벌레들로부터 곡식을 지키려고 노력했고 특히 쥐가 문제를 일으키자 이집트인들은 고양이를 처음으로 키웠다. 쥐를 박멸하는 데 탁월한 능력을 보이는 고양이를 숭배하는 사상도 나타났다. 고양이의 머리를 한 여신 바스테트Bastet의 등장이 고양이 신격화의 결정판이었다. 10만 구나 되는 고양이 미라가 '먹이' 쥐 미라와 함께 있는 신전이 발견되기도 했다.

나일강을 따라 수많은 도시국가가 만들어졌고, 기원전 3000년쯤에 이러한 도시국가를 통합한 고대 이집트 통일국가

....

고대 이집트에서는 고양이를 숭배하여 고양이를 죽이는 사람은 엄한 벌을 받았다.

가 탄생했으며 강력한 권력을 지닌 군주 파라오에 의해 통치되었다. 파라오의 절대 권력과 조직화된 국력을 바탕으로 기원전 2650년 무렵 대규모 석조 건축물인 계단형 피라미드가 처음 등장하였다. 고대 이집트 제4왕조의 2대 왕 쿠푸(기원전 2589년~기원전 2566년)는 가장 아름답고 완벽한 대 피라미드를 기자 지방에 세웠다. 평균 2,300킬로그램짜리 돌 230만 개가 들어간 이 공사는 고대 이집트인들의 건축 기술, 측량과 설계의 정확함, 국가 동원 체제, 기획 능력이 얼마나 뛰어났는지를 보여 주고 있다.

세상을 바꾼 맛

요리사,
재상이 되다

고대 중국에 이윤이라는 사람이 있었다. 이윤에게는 신비한 탄생 이야기가 있다. 이윤의 어머니가 그를 잉태하고 있을 때, 꿈에 신령이 나타나 말하기를 "만약 이수伊水에 절구통이 떠내려 오거든 그것을 보는 즉시 동쪽을 향하여 달리되 절대 뒤를 돌아보아서는 안 된다."라고 경고했다. 이튿날 이수에 가 보니 과연 절구통이 떠내려 오는지라 무조건 동쪽으로 달렸다. 한참 뒤 이제는 괜찮겠지 하고 뒤를 돌아보는 순간, 마을은 물바다로 변하고 그녀는 속이 빈 뽕나무로 변해 버렸다. 그때 마침 뽕을 따러 온 여인이 뽕나무 속에 있는 갓난아기를 발견하고 유신국의 왕에게 드렸다. 왕은 이윤을 대궐의 요리사에게 기르게 했다. 유신국 공주가 탕왕과 혼인할 때 이윤은 공주를 수행하는 요리사로 상나라에 가게 되었다. 이윤은 빼어난 요리 솜씨로 탕왕의 눈에 띄었고, 탕왕이 요리에 대해 물어보자 거침없이 이렇게 대답했다.

"요리를 할 때는 여러 가지 양념과 재료가 잘 어우러져야 맛을 제대로 내듯이, 나라를 다스릴 때에도 백성의 고통과 열망을 제대로 파악해야 백성의 요구를 충족시킬 수 있습니다."

기원전 2000년 상나라 시조 탕왕의 눈에 띈 이윤은 요리사에서 재상이 되었다.

chapter 2

신맛

발효 식품

"치즈 가게는 박물관이다.
진열된 모든 치즈의 이면에는 그것에 형태를 주고
그것으로부터 형태를 얻은 문명이 존재하고 있다."

－『음식과 요리』의 저자, 해롤드 맥기

·· 인간이 먹는 음식의 3분의 1은 발효된 음식이다. 발효 식품은 인류 음식에서 가장 광범위하게 퍼져 있는 식품이고 그만큼 역사도 깊다. 19세기에야 발효의 원리가 밝혀졌지만, 발효 음식인 빵, 포도주, 맥주, 치즈의 역사는 수천 년이나 된다. 발효 음식은 대부분 우연히 발견되었다. 방치된 밀가루 반죽, 방치된 포도즙, 방치된 보리 물, 방치된 젖이 발효되어 빵, 포도주, 맥주, 치즈가 만들어졌다.

전염병을 일으키는 물 대신 마시는 포도주와 운반이 편리한 치즈는 로마 병사들에게 중요한 식량이었다. 포도주와 치즈는 로마 제국의 병사들과 함께 유럽 곳곳에 전파되었다. 로마 제국이 멸망한 뒤 중세 유럽에서는 수도원에서 치즈와 포도주의 명맥을 이어 갔다. 에멘탈, 브리, 고다, 체다 치즈 등은 모두 중세 시대부터 이어져 내려온 것이다. ··

고대 이집트인들은 마흔 종류나 되는 빵과 과자를 만들었다고 한다. 삼각형 빵, 빙빙 꼬아서 만든 빵, 구멍을 뚫은 빵 등 모양도 다양하고 향료나 약초를 넣어 맛에 변화를 주기도 했다. 그러나 발효빵은 성직자나 귀족들의 음식이었다. 불에 굽지 않더라도 껍질을 비교적 쉽게 벗길 수 있는 밀은 생산이 한정되어 있었기 때문이다. 일반 사람들은 여전히 껍질과 부스러기가 섞인 거친 보리 가루로 만든 납작한 무발효빵을 먹었다.

유럽 중세 시대에도 밀가루 발효빵은 흔한 음식이 아니었다. 밀

....
고대 이집트 고분벽화에
있는 빵 만드는 모습.
빵을 만들기 위해
곡물을 빻고 있다.

로 만든 흰 빵은 부자들의 전유물이었고, 호밀을 비롯한 잡곡으로 만든 검은 빵은 농민과 하인용이었다. 그리고 상인이나 수공업자 같은 중간계층 사람들은 밀과 잡곡을 섞어 만든 '도시 빵'을 먹었다. 밀은 품이 많이 드는 데 반해 수확량이 적은 까다로운 곡물이었고, 반면 호밀, 보리, 귀리, 기장 등은 생명력이 강하고 어떤 땅에서든지 잘 자랐기 때문이다. 결국 밀은 상류층이나 도시의 부유층을 위해 재배하는 작물이라 해도 지나치지 않았다. 이렇듯 빵 색깔은 수백 년 동안 사회 계급을 구별하는 확실한 기준이었다. 다시 말해 '빵의 위계'가 사회적 위계였던 셈이다.

16세기 중엽부터 유럽 서민층의 육류 소비가 감소하기 시작했다.(물론 귀족이나 부유층에는 해당되지 않는다.) 인구가 증가하고, 농지가 확장되면서 초지와 숲이 줄어들고, 도시 안에서 가축 사육을 금지한 탓에 육류가 충분하지 않았기 때문이다. 당연히 육류를 대신해서 빵을 많이 먹게 되었고, 빵 소비가 증가하자 빵의 질 역시 악화될 수밖에 없었다. 13세기 이후로는 밀빵을 먹었던 유럽의 도시민들도 이때부터 다시 호밀과 다른 곡물이 섞인 혼합밀로 만든 빵을 먹을 수밖에 없었다.

검은 빵은 도시에서는 빈민들이 먹거나 기근 때에나 먹는 빵이었지만 농촌에서는 일상적인 음식이었다. 부유한 농민이라 하더라도 밀과 호밀 같은 고급 곡물은 내다 팔고 보리, 귀리, 기장 같은 잡곡가루로 만든 빵을 먹었다. 동양에서도 마찬가지였다. 중국 북쪽 지역

세상을 바꾼 맛

피터 브뤼헐, 〈시골의 결혼식〉(1568) | 16세기 플랑드르 지방의 시골 헛간에서 치러진 결혼식 잔치 장면인데 딱딱한 검은 빵과 죽만 보이고 소금에 절인 고기조차 찾기 어렵다.

에서 밀은 상류층의 곡물이었고 다른 잡곡은 항상 하층민의 몫이었다. 잡곡이 부족할 경우에는 채소가 죽 그릇을 채웠다.

잡곡으로 만든 빵은 발효가 잘 되지 않아 굽더라도 딱딱한 과자나 다름없었다. 게다가 빵을 만들기 위해 곡물을 빻고 구우려면 오븐과 물레방아를 소유하고 있는 영주나 수도원에 사용료를 지불해야 했는데, 곡물을 구하기도 어려운 처지에 그 삯을 지불하기란 힘든 일이었다. 잡곡을 먹을 수밖에 없었던 대부분의 사람들에게는 죽과 수프가 일상식이었다. 불 위에 쇠줄로 걸어 놓은 무쇠냄비는 중세 농가의 전형적인 모습이었다. 이 냄비에 밭에서 나는 채소와 곡물, 소금에 절인 삼겹살 몇 점을 넣고 수프나 죽을 끓여 먹었다.

15~16세기 유럽에서는 자연에서 나는 식물도 차별했다. 땅에서 나는 채소류 가운데 양파, 순무 같은 구근식물은 신분이 낮은 사람들이 먹는 것이고, 나무에서 나는 과일은 귀족에게 걸맞은 것이었다. 역사가 맛시모 몬타리니는 음식의 차별을 이렇게 평가했다.

"구근식물이나 뿌리 등에 비해 나무열매가 더 높은 품위를 차지했던 것은 상징적인 의미에서 하늘과 근접함이나 신적인 완벽성뿐만 아니라 학술적인 측면과도 관련되어 있었다. 즉 사람들은 실제로 식물의 경우에 높이 자라는 식물이 소화가 더 잘 된다고 생각했다."

육류에도 지위가 있었다. 사슴과 멧돼지 같은 사냥고기는 귀족들 차지였으며, 점차 네발 달린 짐승보다 조류가 최상의 지위를 차지했다. 꿩과 자고새는 귀족적인 음식이며 모든 짐승 고기 중에 으뜸이었다. 농민들에게 닭, 거위, 오리 같은 신선한 가금류 고기는 축제 때에나 맛볼 수 있는 별미였다. 사실 신선한 고기를 먹을 수 있는 사람도 소수에 불과했다. 농민들은 고기를 소금에 절이거나 훈제하여 두고두고 먹었다. 주로 가장 많이 키우는 돼지고기와 양고기가 식탁에 올랐고, 북부 유럽에서는 소, 말, 버팔로 등을 먹기도 했다.

수도원의 수입이 된 포도주

디오니소스는 신들의 왕인 제우스와 테베의 공주 세멜레 사이에 태어났다. 헤라가 남편의 외도를 눈치 채고 계략을 꾸며 세멜레를 죽이자, 제우스는 세멜레의 배 속에 있던 디오니소스를 꺼내 자신의 넓적다리에 넣고 열 달을 채웠다. 제우스는 아기를 니사로 보내 님프들에게 키우게 했다. 자라는 동안 디오니소스는 포도를 발견하고 포도로 술을 빚는 방법을 알게 되었다. 뒤늦게 디오니소스의 존재를 알게 된 헤라는 그를 미치광이로 만들어 시리아와 이집트 지방을 떠돌아다니게 했다. 그러나 프리기아 지방을 지날 때 제우스와 헤라의 어머니인 레아가 미친병을 치유해 주었다. 디오니소스는 인도까지 여행하면서 포도 재배법과 포도주 담그는 법을 가르쳐 주면서 술을 마시고 황홀무아의 상태에 이르는 종교의식을 행했다. 어머니의 나라 테베에 도착했을 때에는 그를 숭배하는 수많은 무리가 뒤따랐다.

디오니소스는 그리스 신화에 등장하는 술의 신이다. 로마 신화에서는 포도나무 싹을 의

그리스 신화에 등장하는
술의 신 디오니소스

미하는 바쿠스라고 한다. 그리스에서는 포도주를 신이 내린 술이라고 생각했다. 술을 마시고 취하면 신과 하나가 되고, 술에 취하면 머릿속에 숨겨진 신을 느낄 수 있다고 믿었다. 그래서 그리스어로 술에 취한다는 말은 '엔토우시아모스'로 성스러운 감정이라는 뜻이다. 또한 술에 취하면 신의 세계에 들어가면서 현실의 고통을 잊을 수 있었다. 따라서 디오니소스를 따르는 무리에는 노예들과 여성들이 많았다. 그리스 시대에 여성은 노예나 다름없는 신세였다. 억압과 고통에 찌들어 있던 그들에게 디오니소스의 신비한 제의는 탈출구였다. 그 후 디오니소스 제의는 축제로 발전했다.

고대 그리스에는 '심포지엄'이라는 '향연'이 있었다. 지금은 전문가들이 토론하는 자리를 일컫는 말이지만 고대 그리스에서는 귀족들이 머리에 꽃을 꽂고 누워 노예들에게 발을 씻기도록 하고는 서로의 생각을 나누고 포도주를 마시는 행사였다. 그리스의 포도주는 너무 독해서 물을 타서 마시는 것이 좋은 음주법이었다. 아가페라는 파티를 시작할 때는 주인이 신을 모신 성스러운 벽난로에 헌주한 포도주를 마신 다음에 모두 함께 디오니소스를 찬양하는 노래를 불렀다. 고대 이집트인들 또한 성대한 축제 때 포도주를 신에게 바치고 포도주에 취하는 것을 매우 중요하게 여겼다.

정말로 디오니소스가 포도주 만드는 법을 알려 줬을 리는 없다. 포도 주스를 오랫동안 놓아두었는데 발효되어서 우연히 포도주가 만들어졌을 것이다. 포도나무의 원산지는 카스피 해와 흑해 사이의 소아시아로 알려져 있는데, 이곳은 구약성서에 나오는 노아가 홍수가 끝난 뒤 정착했다는 아라랏산 근처이다. 기원전 6000년에서 4000년 사이에 많은 유목 민족들이 이곳에 정착해서 농경 생활을 하면서 포도나무를 재배하고 포도주를 만드는 지혜를 터득했을 것으로 추측할 수 있다.

고대 이집트와 바빌로니아는 포도주에 세금을 부과하고 주변 지역에 수출까지 했고, 용기를 밀봉해 차가운 곳에서 저장할 정도로 제조 기술도 발달했었다. 지중해 중심으로 포도나무가 많이 재배되

....
화산으로 사라진 도시
폼페이 유적에서 나온
포도주 단지

었기 때문에 포도주는 주로 유럽 남부 지역을 중심으로 애용되었다.

포도주는 고대 로마의 주요 상품이었다. 당시 로마의 식민지였던 프랑스, 스페인, 독일 남부에서까지 포도 재배가 이루어져 오늘날 유럽 포도단지를 형성하게 되었다. 그러나 로마 제국이 쇠퇴하고 중세로 접어들면서 포도 재배와 포도주 거래도 주춤해졌다.

그 이후에는 교회 의식에 꼭 필요한 음식이었기 때문에 수도원을 중심으로 포도주의 전통이 이어졌고, 12세기에 들어 십자군과 수도원의 활발한 활동으로 포도주 산업이 다시 빛을 보게 되었다. 십자군은 중동 지방에서 새로운 종의 포도나무를 들여왔으며, 수도원은 풍부한 노동력과 조직력을 바탕으로 포도를 재배하고 포도주를 생산했다. 당시에는 놀고 있는 땅도 많고 수도원은 세금도 면제되었기 때문에 교회 의식에 필요한 포도주를 충당하고도 많이 남았다. 수도원은 남는 포도주를 판매하여 상당한 수입을 거두어들였고 합리적이고 과학적인 관리 방법을 도입하여 근대 와인 제조의 기초를 확립하였다.

허름한 식사를 보충해 주는 맥주

어느 날 오시리스가 나일 강의 물로 싹을 틔운 보리를 끓여서 달이다가 급한 일이 있어 햇볕에 놓아두고 잊어버렸는데 나중에 보니 발효되어

있었다. 그것을 먹어 보니 아주 맛이 좋아 오시리스는 그 비법을 인간에게 알려 주었다.

오시리스가 알려 준 보리 발효 음료가 바로 맥주다. 맥주는 아주 오래된 음료이자 일상적인 음료였다. 메소포타미아 지역(지금의 이라크)에서 기원전 4000년대 후반에 만들어진 점토판에도 맥주를 마셨다는 기록이 남아 있다. 수메르인에게 노아라고 할 수 있는 우트나피슈팀이 대홍수를 대비해서 방주를 만들면서 일꾼들에게 맥주와 포도주를 강물처럼 마시도록 했다는 내용이다. 수메르에 이어 바빌로니아에서도 맥주 만드는 법을 기록으로 남겼다.

그 당시 맥주는 너무 발효되어 술이 넘치는 것을 막기 위해 초기에 발효를 중단시켰기 때문에 알코올 도수가 낮은 술이었다. 그리고 보리로만 만드는 것이 아니라 잡곡이나 심지어는 렌즈 콩이나 귀리를 섞은 곡물에 물을 넣어서 만들었고, 발효가 된 맥주에서 곡물을 거르지 않고 먹었기 때문에 죽과 같이 걸쭉했다.

14세기 무렵 유럽에서는 도시나 농촌 할 것 없이 하루에 2~3리터의 포도주나 맥주를 소비했다고 한다. 16세기 영국 가정에서는 하루에 1인당 3리터의 맥주를 마셨다. 옛날 사람들은 다 술꾼이었나 싶은 생각이 들 수도 있겠지만, 이렇게 마셔 댄 이유가 있었다. 당시에는 소금에 절인 음식을 많이 먹어 갈증이 심했고 맥주나 포도주가 취하기 위한 음료라기보다는 거의 음식으로 여겨져 보잘것없는 음식으로는 부족한 칼로리와 영양소를 보충해 주는 역할을 했다. 또한 포도주와 맥주는 물 대신 마시는 음료였다. 정수 시설이 없었던 때라 물을 그대로 마시면 위험했는데 맥주는 만들 때 물을 끓여서 넣기 때문에 전염병을 막아 주는 역할을 했다. 포도주는 병을 치료하기 위해서도 마셨다. 15~16세기 파리의 시립병원에서는 포도주를 강장제와 치료제로 사용하였고 사람들 또한 술 자체를 치료제로 믿었다.

세 상 을 바 꾼 맛

로마 병사들의 식량, 치즈

낙농업이 발달하지 않았던 우리나라에서는 오랫동안 낯선 식품이었지만 치즈는 고대부터 유럽을 대표하는 발효 식품이었다.

동물과 마찬가지로 어머니의 젖을 먹고 자라는 인간은 본능적으로 젖이 훌륭한 음식이라는 사실을 알았을 것이다. 기원전 3500년 무렵에 가축을 도축하지 않고 가축의 젖과 털, 가축의 노동을 이용하는 방법이 서아시아 지역에서 유럽과 인도까지 빠르게 퍼져 나갔다.

치즈의 유래에 대해서는 전설처럼 전해 내려오는 이야기가 있다. 4,000여 년 전 고대 아라비아의 행상이 사막을 지나 먼 길을 떠나게 되었다. 행상은 양의 위로 만든 주머니에 염소젖을 넣어 가지고 갔는데 하루 여행을 마치고 밤에 주머니를 열어 보니 염소젖이 액체와 흰 덩어리로 변해 있는 게 아닌가. 이게 바로 최초의 치즈였다. 어쨌든 목은 축여야 했기에 눈 딱 감고 먹었는데, 맛이 썩 나쁘지는 않았던 것이다.

염소젖이 덩어리진 이유는 동물의 위에 남아 있던 소화효소 레닛 때문이었다. 마치 두부를 만들 때 콩물에 간수를 넣으면 덩어리가 지는 것과 같다. 레닛에 의해 우유는 덩어리진 부분(응유)과 맑은 액체(유청)로 분리되고 덩어리진 부분만 틀에 넣고 굳히면 치즈가 된다.

치즈의 시작을 알려 주는 최초의 증거는 기원전 3000년 무렵의 것이다. 스위스의 뇌프샤텔 강가와 이탈리아의 포강 유역에서 작은 구멍이 뽕뽕 뚫린 토기들이 발견되었는데 덩어리진 부분을 거르는 치즈 여과망이었을 거라고 짐작한다.

기원전 3000년대 후반 메소포타미아 지역에 살던 수메르인들은 점토판 문서에 치즈에 대한 기록을 남겼다. 그들은 치즈를 '가하르' ga-har라고 불렀고 소, 염소, 양의 젖으로 치즈를 만들었다. 또한 신선하게 먹는 작은 치즈와 오래 숙성시켜 먹는 큰 치즈도 이미 구분하고 있었고, 흰 치즈, 신선 치즈, 부드러운 치즈, 톡 쏘는 치즈처럼 치즈를 표현하는 여러 단어들을 사용하였다.

고대 그리스 철학자 아리스토텔레스 또한 여러 동물의 젖으로 만든 치즈에 대해 언급했으며, 호메로스의 서사시 『오디세이아』에도 치즈가 등장한다.

트로이 전쟁을 승리로 이끌고 고향으로 돌아가던 오디세우스 일행은 십 년 동안 갖은 고생을 했는데, 어느 날 길을 잃어 시칠리아 섬에 다다랐다. 그 섬에는 외눈박이 거인 키클롭스가 살고 있었다. 키클롭스가 사는 동굴을 둘러보던 오디세우스는 치즈가 가득 들어 있는 고리버들 바구니와 양과 새끼 염소가 가득한 우리를 발견했다. 배가 몹시 고팠던 오디세우스와 그의 부하들은 허겁지겁 치즈와 음식을 먹어치웠다. 동굴로 돌아온 키클롭스는 "매애하고 울어 대는 염소와 양의 젖을 모두 차례대로 짜고 젖먹이 새끼에게 제각기 데려다주었다. 그다음에 짠 젖의 절반을

응어리지게 한 후 고리버들로 만든 바구니에 담고 나머지는 마시는 용도로 보관했다." 오디세우스 일행을 발견한 키클롭스는 매일 두 명씩의 부하들을 잡아먹고 마지막으로 오디세우스를 잡아먹겠다고 윽박질렀다. 오디세우스는 잠을 자는 키클롭스의 눈을 불에 달군 막대로 찌르고 열두 명의 부하 중 살아남은 여섯 명의 부하를 데리고 도망칠 수 있었다.

호메로스는 아주 상세하게 치즈 제조 과정을 묘사했다. 그 외 당대의 희곡이나 그리스 신화에도 치즈에 대한 이야기가 등장하고 있어 고대 그리스에서 치즈는 일상적인 식품이었음을 알 수 있다.

로마인들도 치즈를 무척 좋아하여 하루 세 끼 중 적어도 두 끼는 치즈를 함께 먹었고, 치즈를 이용한 요리를 즐겼다. 고대 로마인들은 단단한 치즈를 만들어 먹었다. 단단한 치즈는 저장과 운반이 편리해 로마 병사들의 중요한 식량이 되었다. 로마 병사들은 빵이나 포도주, 소금과 함께 치즈를 하루 식량 배급으로 받았다. 치즈 제조 기술은 로마 제국이 번성함에 따라 로마 병사들과 함께 이동하였고 이웃 나라들에 전파되었다.

로마 제국이 붕괴된 이후 유럽은 노르만, 몽고, 사라센 등 주변 민족의 침범과 페스트 등의 전염병으로 대륙 전체가 암흑기를 맞게 되었다. 이 시기에는 산 속이나 수도원에서 전통적인 치즈 제조 기술의 명맥을 이어 갔다. 수도원에서 치즈 제조 기술을 잘 전수하고 더욱 발전시켜 새로운 치즈들을 개발해 내었으며, 수도사들은 치즈

제조 기술을 인근 농민들에게 알려 주었다. 오늘날에도 잘 알려진 프랑스의 브리, 이탈리아의 고르곤졸라, 스위스의 에멘탈, 영국의 체다 등은 이미 중세 유럽에서 먹었던 치즈이다.

　근대에 접어들면서 치즈 산업은 더욱 발전했다. 우선은 냉장고 덕분에 오래 보관할 수 있게 되었고, 파스퇴르가 저온살균법을 개발해 치즈를 대량 생산할 수 있는 환경을 만들어 주었기 때문이다.

　햄버거나 샌드위치에 넣는 치즈는 자연 치즈를 녹여 다른 식품을 첨가하고 새로운 모양으로 만든 가공 치즈이다. 가공 치즈는 오늘날 치즈 생산량의 80퍼센트 이상을 차지하고 있다. 가공 치즈는 1911년 스위스에서 최초로 개발되었으나 자연 치즈가 발달한 유럽에서는 관심을 끌지 못하였다. 미국 크래프트 사가 1916년에 이 제조 기술로 특허를 냈고 1950년에 슬라이스 치즈를 생산하는 기술을 개발했다. 슬라이스 치즈는 치즈버거나 치즈 샌드위치에 사용되면서 대중적인 인기를 얻게 되었다. 오늘날에는 전통적인 방법으로 만드는 자연 치즈보다 공장에서 대량으로 생산하는 자연 치즈나 가공 치즈들이 훨씬 많다.

발효 음식에서
패스트푸드로
바뀐 스시

쌀을 주식으로 하는 동남아시아와 동아시아에서는 생선을 밥과 함께 저장해 먹는 발효 음식이 오래전부터 있어 왔다. 바다와 멀리 떨어진 곳에서는 염장 생선을 만들기에는 소금이 너무 귀했고, 동남아시아 같은 열대 지역은 비가 많이 오는 우기에는 생선을 말려서 저장하기 곤란했다. 그래서 생선에 최소한의 소금과 쌀밥을 섞어 숙성시키는 방법을 썼는데, 쌀의 전분이 분해되어 생기는 유산이 부패를 막는 역할을 했다.

우리나라 동해안에는 생선을 밥과 함께 삭힌 가자미식해, 명태식해가 있다. 라오스에는 밥을 넣어 삭힌 발효 생선 빠솜이, 캄보디아에는 쌀을 넣어 삭힌 발효 생선 뻐어가 유명하다. 중국 소수민족인 동족은 논에서 키운 생선을 밥과 함께 삭힌 옌위가 있으며, 일본에는 미꾸라지를 밥과 함께 삭힌 '도죠스시'와 붕어 내장을 제거하고 밥을 넣어 삭힌 '후나즈시'가 있다.

무로마치 시대(1338~1573)에 들어오면 '나마나레즈시'가 등장한다. 나마나레즈시는 손질한 생선에 소금으로 간을 한 밥을 채워 넣고 2주일에서 한 달간 삭힌 음식으로 생선과 밥을 함께 먹었다.

에도 시대 18세기 중엽까지만 해도 스시는 요리집에서 주문을 받아 만드는 음식이었다. 지금의 도쿄인 에도는 도구카와 막부가 허허벌판에서 일본의 중심지로 성장시킨 도시로, 당시 도시 건설을 위해 타지에서 온 많은 남성 인력이 넘쳐났다.

건설 노동자를 비롯한 서민들에게는 금방 허기를 채울 수 있는 음식이 인기가 있었다. 자연스럽게 18세기 후반부터 포장마차에 스시가 등장하기 시작했다.

스시는 발효된 쌀밥이 신맛을 내기 때문에 일본어로 식초라는 뜻인 '스'를 사용해 불리게 된 이름이다. 더 빨리 만들어 먹겠다는 욕구가 고조되면서 식초 양조 기술이 비약적으로 발전한 안에이(1772~1781) 시기에 식초를 사용한 인위적인 스시가 등장했다. 이 스시는 만들어서 하루 만에 먹을 수 있다는 의미로 '히토요즈케즈시'라고 불렀다.

그리고 드디어 초밥을 손으로 살짝 쥐어 뭉친 다음 생선을 올리는 '니기리즈시'가 출현했다. 인위적으로 신맛이 나는 초밥에 바로 생선을 얹어 내놓는 스시가 등장함으로써, 스시는 일정 기간 숙성을 기다려야 하는 발효 식품에서 바로 만들어 먹는 패스트푸드로 바뀌었다. 서민들의 길거리 음식이었던 스시는 19세기 후반에 상류층에서도 즐기기 시작하면서 각계각층이 즐기는 국민적 음식으로 자리를 잡게 되었다. 또한 생선부터 야채, 고기 등 각종 재료를 사용하고 여러 형태로 만든 다양한 종류의 스시가 등장했다.

....
오늘날의 대표적인
스시인 손으로
쥐어 만드는
니기리즈시

chapter 3

짠맛

소금과 저장 식품

•• 소금은 인간이 먹을 수 있는 유일한 암석이다. 그리고 인간은 소금 없이는 살 수 없다. 우리 몸에 소금이 부족하면 물을 마시지 못할 때보다 더 위험한 탈수현상이 일어나기 때문이다. 부자든 가난하든 모두에게 필요한 소금을 통제한다는 것은 강력한 통치 수단이자 돈을 벌어들일 수 있는 방법이었다. 베네치아는 가까운 해안에서 나온 소금을 팔아 작은 어촌 마을에서 부유한 도시로 발돋움할 수 있었고, 프랑스는 오랫동안 소금을 국가에서 통제하며 염세를 받았다. 그러나 가혹한 염세 제도는 프랑스 혁명의 도화선이 되기도 했다.

소금에 절인 생선과 고기는 중세 유럽 사람들의 중요한 단백질 공급원이었다. 오래 보관할 수 있는 햄과 소시지는 추운 겨울을 나야 하는 농민들과 군인들에게 유용한 양식이 되었다. 청어와 대구는 큰돈을 벌어들일 수 있는 국제 무역 상품이었고, 수많은 나라를 바다로 불러들였다. 청어잡이로 네덜란드는 강력한 해양 경제 국가가 되었고, 영국은 강력한 해군력으로 대구의 황금 어장인 뉴펀들랜드 어장을 차지했다. ••

하얀 황금

생명을 유지하기 위해 없어서는 안 될 것이 소금이다. 동물들조차 본능적으로 이 사실을 알고 있다. 초기 인류는 사냥한 고기를 날 것으로 먹음으로써 소금을 보충했다. 그런데 불을 가지고 고기를 요리하기 시작한 이후에는 소금의 필요성이 더욱 커졌다. 고기를 불에 조리하면 소금기가 줄어들기 때문이다. 채식을 위주로 하는 지역에서는 소금 결핍이 일어나는데, 인도 사람들은 이러한 결핍증으로 고통 받는 경우가 종종 있다.

식용 소금은 염전에서 바닷물을 증발시키거나 소금 광산에서 채굴하거나 소금 호수나 소금 사막에서 얻을 수 있다. 유럽 대륙에서 소금 광산은 원시인들이 정착하도록 만든 중요한 요인이었다. 신석기인들이 사냥을 포기하고 농사를 짓기 시작하면서 육류 소비가 줄었기 때문에 소금 공급원이 가까이 있어야 했다. 마찬가지로 바닷가에 집단적으로 거주한 것도 바닷물을 증발시켜 소금을 얻을 수 있었기 때문이다. 유목민들은 이동시 필요한 소금의 양을 정확히 측정해야 했으며, 물의 위치뿐만 아니라 소금이 묻힌 지층과 소금이 노출된 곳 또는 소금을 보관해 둔 곳의 위치를 정확히 기억하고 있어야 했다.

영어로 급여를 뜻하는 '샐러리'salary라는 말에는 소금이라는 뜻이 들어 있다. 고대 로마에서는 소금을 살sal이라고 불렀다. 로마 병

사들은 해외로 파견될 때 정규 봉급 이외에 소금을 살 수 있는 돈, 살라리움salarium을 보너스로 받았다. 샐러리는 바로 살라리움에서 나온 말이다. 아우구스투스 시대 이후부터 살라리움은 장교나 지방 관리들에게 부정기적으로 지급하는 돈을 지칭했다. 그러다가 3세기 말쯤에는 '소금을 살 수 있는 돈'이라는 본래 의미는 완전히 사라지고, 정기적으로 지급하는 급여라는 현대적 의미로 쓰이기 시작하였다.

소금이 없는 지역에서 소금은 황금만 한 가치가 있었다. 실제로 12세기 아프리카에서는 상인이 낙타를 타고 수백 킬로미터의 사막을 건너 소금을 가져오면 발 크기만 한 양이 노예 한 명과 맞바꿀 수 있을 정도로 엄청난 가치를 지녔다.

소금 산지는 예로부터 교역의 중심이 되었고, 소금은 국제 무역에 있어서도 중요한 거래 품목이었다. 중세 유럽의 바이킹 족은 남유럽까지 진출하여 염장한 생선을 수출하고 소금을 북쪽으로 가져갔다. 6, 7세기까지 작은 어촌이었던 베네치아는 가까운 해안에서 나오는 소금을 팔아 10세기 이후에 부유한 해양 도시가 되었다. 바다로 둘러싸인 베네치아는 지중해에서 생산되는 소금이 국제 무역의 좋은 상품이라는 것을 깨달았다. 베네치아는 막강한 해상력을 통해 지중해 해안 지방에서 생산되는 소금 거래의 주도권을 잡기 시작했다. 그들의 상선에는 모두 소금을 싣고 다닌다고 해도 과언이 아니었다. 베네치아는 유고슬라비아와 알바니아 해안을 점령하여 염전을 독차지하고 북유럽과의 소금 거래를 독점함으로써 막대한 부를 거두어들였다.

프랑스 혁명을 일으킨 소금

기원전 221년, 중국 대륙을 통일한 진나라는 소금을 국가에서만 판매하는 전매제를 실시했다. 생활필수품을 국가가 관리한 역사상 최초의 사례였다. 소금 가격은 국가에 의해 결정되었고, 소금에 세금이 매겨졌다. 이렇게 거두어들인 염세 수입은 군대를 양성하고 방어용 건축물을 건설하는 데 사용되었다. 흉노족의 침입을 막기 위해 건설한 만리장성은 염세로 지어졌다고 해도 과언이 아니다. 기원전 207년 진나라에 이어 들어선 한나라는 소금 전매제를 폐지하였다가 흉노족과의 계속된 전쟁에 국고가 바닥나자 다시 전매제를 부활시켰다.

소금은 가난한 사람이든, 부자든 누구에게나 필요한 음식이다. 소금을 통제한다는 것은 온 국민을 통제한다는 의미이기도 했다. 더욱이 국가에서 소금의 생산과 판매를 관리하고 소금에 세금을 매기면 국가 재정에 큰 도움이 되었다. 그러나 염세를 지나치게 올려 국민들의 원성을 불러일으키기도 했다.

프랑스에서는 1286년 필리프 4세가 재정 부족을 이유로 악명 높은 '가벨' gabelle이라는 염세 제도를 만들었다. 1680년 5월에 국가 재정 파탄을 막기 위해 프랑스의 재상 콜베르가 내린 대칙령으로 인해 염세 제도가 한층 강화되었다. 심지어 1인당 소금 구입량까지 정하여 8세 이상부터 1년에 최소한 약 3리터의 소금을 사용하도록 강제하였다.

소금 가격의 변화를 보면 염세 제도가 얼마나 부당했는지를 알 수 있다. 12~13세기 프랑스 프로방스 지역의 소금 원가는 45킬로그램에 네 푼도 채 되지 않았는데 염세가 부과되면서 소금 가격이 치솟기 시작했다. 결국 1630년에는 소금 원가의 14배가 되었고, 1710년에는 140배까지 올랐다. 염세 징수가 가혹해지자 염세가 싼 곳에서 몰래 소금을 들여오려는 사람들이 생겨났다. 그러나 소금을 밀매하다가 적발되면 가혹한 처벌이 내려졌다. 18세기 프랑스에서 적발된 소금 밀매업자에게 일반 노동자 1년 평균 수입에 해당하는 200리브의 벌금형이 내려졌다. 당연히 벌금을 낼 수 없었던 그는 광장에서 채찍질을 당하고 불에 달군 쇠로 오른쪽 어깨에 노예선galéeres을 의미하는 대문자 G의 낙인이 찍히는 형벌을 받았다.

염세로 인해 소금 가격이 지나치게 올라가자 하층민들뿐만 아니라 소시민들도 버거워했다. 가혹한 염세 제도로 인해 농민들은 여기저기서 봉기를 일으켰고 결국 1789년 프랑스 대혁명으로 이어졌다.

프랑스 혁명 이후 '가벨' 제도는 잠시 사라졌다. 그러나 전쟁 비용을 대기 위해 나폴레옹이 다시 부활시켰고 1949년까지 유지되었다.

간디의
소금행진

영국은 인도를 식민 지배
하면서 소금을 영국 독점 품목
으로 만들었다. 인도의 바다에
서 인도인의 싼 노동력을 이용
하여 소금을 만들고 높은 세금
을 붙여 인도인에게 되팔았다.

간디는 소금은 당연히 인도
인의 것이라고 하면서 '사티아
그라하'를 선언한다. 바로 비폭력 저항 운동을 개시한 것이다. 1930년 3월 13일 간
디는 78명의 일행과 걷기 시작했다. 이 마을 저 마을 거쳐 가면서 간디의 대열은 수
만 명으로 늘어났다. 간디는 인도를 세로로 가로질러 약 380킬로미터를 걸었다. 마
침내 간디 일행은 목적지에 도착해 바닷물로 소금을 만들어 들어 보였다.

처음에는 대수롭지 않게 생각했던 영국 정부는 염세에 대한 불복종 운동이 확대
되자 탄압에 나서 6만여 명을 체포하였다. 이 비폭력 저항 운동으로 인해 320명이
부상을 입었으며 두 명이 목숨을 잃었다. 간디의 소금 행진은 염세 거부를 통한 독립
투쟁이자 비폭력 저항 운동의 상징으로 부각되었다.

강력한 해양 국가를 탄생시킨 청어와 대구

냉장 또는 냉동 시설이 발명되기 전까지는 생선이나 고기를 저장하거나 멀리 운반하기 위해서는 소금에 절이거나 말리거나 훈제해야했다. 중세 유럽에서는 청어, 참치, 정어리, 멸치 등을 소금에 절여먹었다. 그중에서도 청어와 대구는 서민들에게 중요한 단백질 공급원이었다. 이 두 생선은 당시 유럽 경제와 무역에서 중요한 역할을했고 국가 사이에 어장을 차지하기 위한 분쟁이 일어나기도 했다.

유럽에서는 기독교가 공인받은 4세기 무렵부터 기독교 축일에고기 대신 생선을 먹는 전통이 생겨났다. 절제와 금욕을 강조하는기독교인들은 당시 육식을 하면 욕정을 불러온다고 여겼다. 하지만생선은 기독교인들에게 아주 특별한 의미를 지녔다. 생선은 예수가수난일 전에 먹었던 최후의 만찬 음식이자, 그리스어로 생선을 뜻하는 '익투스' Ichthus는 '예수 그리스도, 하느님의 아들, 구원자'의 첫글자를 딴 것으로 기독교인들의 상징이었다. 특히 중세 교회법은 사순절을 포함해서 1년에 140일에서 160일을 육류 금식 기간으로 정하였기 때문에 육류를 대신할 생선이 절실히 필요했다. 하지만 싱싱한 생선은 내륙 멀리까지 운반하기 어려운 탓에 해안가의 주민이나귀족의 몫이었으며, 중간계층이나 하층민들은 절인 생선으로 금식기간을 버텨야 했다. 절인 청어는 중세 사순절 기간에 특히 인기가많은 음식이었다.

소도마, 〈성 베네딕트와 함께 식탁에 앉은 수도사들〉(1505~1508년)

청어는 차가운 바다인 북해와 발트 해에서 많이 잡힌다. 깊은 바다에 사는 청어는 알을 낳기 위해 수천 킬로미터를 헤엄쳐 3월쯤에는 해안가의 수면 위로 떠오른다. 청어 떼가 몰려오면 북해와 발트 해 인근의 국가, 네덜란드, 영국, 프랑스, 아이슬란드, 스웨덴, 노르웨이 등이 청어잡이에 나선다.

네덜란드는 14세기부터 북해에서 잡은 청어로 엄청난 수익을 올

세 상 을 바 꾼 맛

피테르 클라스, 〈청어와 맥주가 있는 풍경〉(1636년) | 17세기 네덜란드 회화에 자주 등장하는 청어는 네덜란드의 어업을 찬양하고 무역 실적을 치하하는 의미를 지닌다.

렸다. 1358년에 네덜란드 어부 벤켈소어가 갓 잡은 청어의 내장을 단칼에 제거하고 소금에 절인 다음 통에 담는 염장법을 개발하여 일 년 동안이나 청어를 보관할 수 있게 되면서 청어잡이 어업이 더 활발해졌다. 200여 년 동안 청어잡이 어업은 발트해 인근의 한자 동맹 도시들이 장악하고 있었다. 그러나 14~15세기 무렵에 청어가 발트해를 떠나 북해로 이동하면서 네덜란드가 청어잡이 어업에서 선두를 달리게 되었다. 네덜란드는 동북 유럽, 영국, 남유럽, 아프리카 등지를 무역 시장으로 개척하였고, 잉글랜드와 스코틀랜드의 먼 바다까지 과감하게 진출하여 강력한 해양 경제 국가가 되었다. 네덜란드는 지금도 소금에 절여 발효시킨 청어를 날 양파나 오일피클과 함께 먹거나 빵에 끼워 먹고, 염장법을 개발한 벤켈소어를 기념하는 청어 축제가 곳곳에서 벌어진다.

당시 유럽인들의 식탁을 채운 또 하나의 생선은 대구였다. 대구는 청어보다 훨씬 저장도 쉽고 맛도 좋았다. 19세기까지는 싱싱한 대구를 먹는 경우는 드물었고 말리거나 소금에 절인 대구를 즐겨 먹었는데, 유럽인들이 먹었던 생선 60퍼센트가 대구였다고 한다. 오늘날에는 소금에 절인 대구를 이탈리아에서는 바칼라, 스페인에서는 바칼라오라고 부르며 즐겨 찾는다.

소금에 절여 말린
대구를 스페인에서는
바칼라오라고 한다.

15세기 말부터 대구는 생선 거래와 소비의 주도권을 잡아 나갔다. 대구는 산란기가 가까워지면 플랑크톤이 풍부한 노르웨이와 덴마크, 스코틀랜드 북부와 아이슬란드 또는 뉴펀들랜드 해안으로 이동한다. 유럽은 수세기 동안 가까운 바다에서 대구를 잡아 오다가 16세기 초 캐나다 뉴펀들랜드 근해에서 엄청난 대구 어장을 발견하였다. 사실 뉴펀들랜드 어장은 1000년 무렵에 이미 바이킹 족에 의해 발견되었고, 1400년대에는 스페인의 바스크 족이 뉴펀들랜드 근해에서 잡은 대구로 엄청난 수익을 올렸다. 바스크 족이 오랫동안 비밀로 했던 어장 위치가 밝혀지면서 황금 어장을 둘러싼 각축전이 벌어졌다.

16세기 말 영국이 뉴펀들랜드 대구잡이에 뛰어들었고, 바스크 족, 네덜란드, 프랑스 등과 이곳에서 어업 경쟁을 벌였다. 대구잡이를 위해 뉴펀들랜드 해역으로 몰려든 어부의 수가 1780년대에는 매년 1만 5,000명에 달했다고 한다. 결국 국가들끼리 대구 어장을 차지하기 위한 '대구 전쟁'이 벌어지게 되었고 강력한 해군을 가진 영국과 프랑스가 뉴펀들랜드 어장을 차지했다. 대구 전쟁은 아이슬란드 해에서도 벌어졌다. 1950년대 이후 아이슬란드와 영국은 대구 어업권을 둘러싸고 세 번에 걸쳐 대구 전쟁을 벌였다. 1976년에 3차 대구 전쟁 끝에 양국간에 어업 협정이 맺어지고 200해리 어업권이 국제적으로 통용되기 시작했다.

농민들의 겨울나기 음식, 햄과 소시지

19세기까지 유럽에서는 돼지고기 같은 육류를 대부분 소금에 저장해서 먹었다. 신선한 고기는 하루 이틀 안에 소비하도록 엄격하게 규정하고 있었고, 고기를 오래 보관하려면 소금에 절이는 염장법이 가장 좋았다.

유럽 중북부는 추운 겨울에는 동물을 키우기가 여의치 않았다. 동물에게 먹일 곡물은커녕 인간이 먹을 곡물도 부족했기 때문이다. 그래서 겨울이 시작되는 12월 초 성 니콜라우스 축일에 수개월간 먹지 못할 신선한 고기를 마지막으로 즐기기 위한 잔치를 벌였다. 농부는 새끼를 낳을 암퇘지 한 마리와 암소 한 마리, 양 한 마리 정도만 살려 두고, 다른 가축들은 도살하여 소금에 절였다. 돼지는 버릴 것이 아무것도 없었는데, 돼지 피는 창자에 넣어 순대(프랑스에서는 '부댕' 이라고 한다.)로 만들어 바로 이웃과 나누어 먹거나 가마솥에 넣어 선짓국을 끓여 먹었다. 프랑스에서는 돼지 잡는 날에 순대와 요리한 고기를 이웃과 나누어 먹는 것이 관례였는데, 잔치가 벌어지고 조금 지나고 나면 누구 집 돼지인지 알 수 없었다.

오늘날에도 유럽에서는 소금에 절인 돼지고기 저장 식품을 즐겨 먹는데, 가장 유명한 것이 햄과 소시지이다. 진짜 햄은 우리가 알고 있는 가공 음식이 아니라 돼지 엉덩이 살이 붙은 뒷다리를 통째로 소금에 절인 것이다. 중세 유럽에서는 생 삼겹살 덩어리도 소금물에

담가 저장했다. 소금에 절인 삼겹살을 얇게 썬 고기를 영어로 베이컨이라고 한다. 원래는 햄을 뜻하는 프랑스어 바코baco에서 유래한 고대 프랑크어 바콩bacon이 미국으로 건너와 굳혀진 이름으로 더 이상 프랑스에서는 쓰지 않는 말이다.

소시지sausage는 '소금으로 맛을 낸'이라는 뜻의 라틴어 'salsicius'에서 유래되었다. 소시지는 프랑크푸르트 소시지처럼 곱게 간 고기를 창자나 인공 창자에 넣어 익히고 훈연해서 만들어 금방 먹어야 하는 소시지도 있고, 오래 보관하기 위해 창자에 생고기를 넣어 발효, 건조시킨 '마른' 소시지도 있다. 가축의 고기와 부산물을 다져 넣고 소금과 향신료를 넣은 다음 매달아 1~3개월에 걸쳐 숙성시킨 건조 소시지는 1~2년 동안 보관할 수 있다. 스페인의 초리조, 이탈리아의 살라미가 대표적이다. 건조 소시지나 생 햄은 장기간 항해를 해야 하는 선원들과 전쟁터의 군인들에게는 단백질을 공급해 주는 긴요한 식량이었다.

소시지는 3,000년 이상의 역사를 가지고 있다. 기원전 1500년 무렵에 바빌로니아에서 소시지를 먹었다는 기록이 있으며 228년에 나온 가장 오래된 요리책에도 소시지가 등장한다.

몽골의 징기스칸은 대륙을 정복할 때 쌀과 야채 혼합물을 말리거나 냉동하여 돼지의 창자에 넣어 가지고 다녔다. 편리한 휴대성으로 인해 전쟁터에서 군량미 대신 전시 음식으로서 역할을 톡톡히 하여 세계를 정복하는 데 한몫하였다.

우리나라는 1670년 무렵에 쓰여 진『음식디미방』에 나오는 '개장'이 최초의 소시지라 할 수 있다. 개장은 삶은 개고기를 여러 가지 음식 재료와 섞어 개창자에 넣어 만든 것이다. 우리가 요즘 먹는 순대라는 단어는 1800년대에 만들어진 요리책『시의 전서』에 처음 나온다. "돼지 창자를 뒤집어 깨끗하게 빨아 숙주, 미나리, 김치, 두부, 파, 생강, 마늘, 깨소금, 참기름을 피와 함께 섞고 주물러 넣어 삶으라."라고 쓰여 있는데 오늘날 순대 조리법과 큰 차이가 없다. 우리나라에서는 생고기를 넣어 발효, 건조시킨 소시지에 대한 기록은 아직까지 발견되지 않았다.

건조 숙성시킨 스페인의 매콤한 맛 소시지 '초리조'

쓴맛

향신료와 기호 식품

.. 계피, 후추, 정향 같은 향신료는 과거 유럽에서는 동방에서 오는 신기하고 귀중한 물품이었다. 그들은 향신료를 파라다이스의 산물이라 믿었고, 때로는 신성한 것으로 때로는 권위의 상징으로 여겼다. 아주 오래전부터 사람들은 향신료에 탐닉했고, 향신료 무역을 독점하는 나라는 부를 거머쥘 수 있었다. 로마 제국이 사라진 뒤 향신료 무역은 아주 오랫동안 아랍 상인들과 중개 무역에 뛰어난 베네치아 상인들에 의해 이루어졌다. 15세기에 와서야 포르투갈과 스페인이 향신료를 구하기 위해 새로운 바닷길을 개척하기 시작했다. 그 과정에서 콜럼버스는 신대륙을 발견했고, 포르투갈은 새로운 인도 항로를 발견하여 향신료 무역을 독점했다. 17세기 초에는 해양 강국이 된 네덜란드에게 독점권이 넘어갔다. 향신료를 독점하는 나라가 곧 그 시대의 강국이었다. 향신료는 결국 흔해지면서 인기가 시들해졌지만 유럽 국가들을 멀리 바다 건너 탐험하게 만들었고 신대륙과 동방의 작은 나라들을 유럽의 식민지로 만드는 결과를 초래했다. ..

오늘날 향신료란 식물의 열매, 씨앗, 뿌리줄기, 나무껍질, 꽃봉오리 나 꽃술 등 식물의 일부분으로서 음식의 맛과 향을 북돋거나 색깔을 내어 식욕을 돋우고 소화를 돕는 기능을 하는 것으로 정의한다. 하 지만 오래전 향신료는 맛을 내기 위한 양념이 아니었다. 신에게 보 다 가까이 가기 위한 향료로, 때로는 신비한 미약으로, 또는 치료제 로 사용되었다. 고대부터 향신료는 종교 의식에서 향불을 피우는 데 사용되었다. 제단 앞에서 향신료를 태우면 독특한 향기가 나 신전 가득히 신비로운 분위기를 채워 주었다. 중국을 비롯한 동양에서도 일찍부터 향신료는 사원의 제단에서 향으로 쓰였다. 구약성서에서 도 제의용으로 향신료를 사용했다는 구절을 찾아볼 수 있다.

"너희는 최상의 향료를 준비하거라. 몰약 500세겔, 향기 좋은 계피 250 세겔, 향초 다발 250세겔."(출애굽기 30:23)

고대 로마인들은 요리에 후추를 엄청나게 많이 사용했다. 삶은 칠면조, 홍학찜, 속을 채운 암퇘지 요리 같은 축제용 음식뿐만 아니 라 평소 사용하는 소스에도 후추를 포함해서 열두 가지 향신료를 넣 었다. 그런데 후추는 동방에서 들여오는 물건이라 그 가치가 금 가 격이나 다름없었다. 말 그대로 금을 뿌린 음식을 먹은 셈이었다. 고대 로마의 정치가이자 박물학자인 플리니우스는 "아주 적게 잡아도 인도, 중국, 그리고 아랍이 우리 제국으로부터 빼가는 돈이 일 년에 1억 세스테리우스(고대 로마의 은화)이다."라고 비판했다.

중세 초기에도 향신료는 (부자들의 요리에 한정되긴 했지만) 요리에 널리 사용되었으며 9~10세기에는 이탈리아와 프랑스의 시장에 많은 양의 향신료가 들어와 있었다. 11세기 말에 이르러서는 십자군 원정으로 인해 동방과의 접촉이 활발해지면서 향신료가 더 많이 들어왔고, 그 맛과 향에 익숙해진 유럽인들이 탄탄하게 시장 수요를 떠받쳐 주었다.

중세 시대 요리법은 신중하게 맛보고 양념을 한다거나 각각의 첨가물이 서로 조화를 이루게 하는 것과는 거리가 멀었던 것 같다. 13세기 이탈리아 요리책에 따르면 12인분 소스에 정향 26그램, 육두구 세 개, 생강, 육계, 사프란이 들어간다. 정향은 한 개만 쓰더라도 강한 향을 낼 수 있고 많은 양으로는 마취제를 만들 수 있다. 지금도 치과 마취제에 정향 성분이 들어간다. 또한 육두구도 한 개만으로 정신을 몽롱하게 하고 호흡 곤란을 일으킬 수 있다. 그런데 축제 같은 행사를 치를 때는 향신료를 이보다 훨씬 더 많이 사용했다고 한다.

물론 멀리 미지의 동방에서 건너오는 동안 중개상을 수십 번 거치다 보면 정향과 육두구가 유럽의 밥상에 도착했을 때는 상상할 수 없는 가격이 되었다. 그런데 왜 사람들은 이렇게 열광적으로 향신료에 집착했을까?

세상을 바꾼 맛

고대부터 중세까지 향신료는 부와 권력을 드러내는 사치품이었다.

살짝 맛이 간 재료의 나쁜 맛을 숨기기 위해서? 그래서 특히 고기 요리에 향신료를 많이 사용하였던 걸까? 아니, 그건 얼토당토않은 말이다. 왜냐하면 중세 유럽에서 부자들은 신선한 고기를 즐겼기 때문이다. 시장에서 구입하는 고기는 당일 도축한 고기였고 해가 떨어진 이후에는 그 고기를 못 팔게 할 정도로 법으로 엄격하게 규제했다. 사냥한 고기는 가능한 한 그날 먹었고 나중에 먹는다 해도 숙성을 시키기 위해서였다. 물고기도 직접 잡든가 양어장에서 산 채로 가져왔으며 시장에서도 신선한 것만 가져왔다. 소금에 절이거나 훈제한 고기와 생선은 일반적으로 가난한 사람들의 음식이었으니 비싼 향신료가 쓰이기는 어려웠다. 그러므로 요리에 향신료를 사용하는 사람들은 신선한 고기를 먹는 사람들이었다.

독특한 향과 희소성을 가진 향신료는 음식에 있어 값비싼 장신구나 마찬가지였다. 향신료를 마음껏 낭비하는 일은 소수 지배 계층이 자신들의 우월성을 나타내는 방법이었다. 고대부터 중세까지 향신료는 사회적 계급을 나타내는 상징물 역할을 했고, 사용하는 향신료의 양으로 계급이 구별되었다.

아랍인, 스파이스루트를 장악하다

홍해와 아라비아해에서 출발하여 인도양을 거쳐 인도와 동남아시아로, 또는 중국으로 가는 바닷길은 고대부터 동방과 서방을 이어 주는 해상 무역로였다. 향신료는 이 바닷길을 통해 유럽에 전해졌다. 그래서 이 바닷길을 오늘날에는 '스파이스루트'라고 부른다.

이 길을 차지하고 있는 나라가 향신료를 차지하는 나라였다. 오래전부터 아랍인들은 해상 무역로를 통해 인도로부터 귀중한 물품을 들여오고 있었다. 동서 교통의 요지인 소아시아 지역을 차지하고 막강한 세력을 행사했던 파르티아(기원전 240~기원후 226년)는 지중해 동부 연안의 중개 무역을 독점하고 막대한 이윤을 취득했다.

이국의 향신료에 빠져 있던 로마인들은 동방과 직접 교역하고 싶어 했다. 마침내 기원전 1세기에 파르티아를 쫓아내고 홍해까지 진출함으로써 인도로 갈 수 있는 해상로를 확보했다. 한때 홍해 연안에서는 로마 배 120척이 향신료의 향이 감도는 바람을 타고 인도양을 건너갔다. 로마는 유리 기구, 직물, 포도주, 향유 등을 수출하였

비단길과 바닷길을 통해 향신료가 서방으로 들어왔다.

고, 인도에서는 향신료와 염료, 비단 등을 들여왔다.

인도양에는 해마다 6월에서 9월까지 히프로스풍이라는 남동계절풍이 불기 때문에 7월쯤 이집트나 아덴 등 홍해 입구에서 출발하여 인도양을 항해하는 것이 가장 좋다. 계절풍을 이용하면 항해가 순조로울 경우에는 홍해 입구부터 인도 서해안 무지르스 항까지 40일밖에 걸리지 않았다.

6세기에 서로마 제국이 멸망한 뒤, 홍해에서 인도에 이르는 스파이스루트는 다시 아랍인들에게 넘어갔다. 이슬람 세력은 8세기 중반에 이르러서는 스페인과 북부 아프리카부터 중국 국경에 이르는 거대한 이슬람 왕국을 건설했다.

750년 '정원으로 둘러싸인 도시' 바그다드는 이슬람 문화의 중심지였다. 지중해와 인도양의 중간에 위치한 이 도시는 서쪽으로는 모로코에서 동쪽으로는 극동에 이르는 지역의 상품을 자석처럼 끌어당기는 교역의 중심지였다. 우리에게 아라비안나이트로 잘 알려진 『천일야화』라는 설화집에 실려 있는 신드바드의 모험 이야기도 이 무렵이 배경이다. 선원이자 뛰어난 아랍 상인의 기질을 가진 신드바드는 일곱 차례에 걸쳐 인도로 항해를 한다. 신드바드의 모험 이야기에는 태양을 날개로 가릴 만큼 큰 새, 괴물 같은 뱀, 부자가 죽을 때 하인까지 매장하는 풍습, 난파 등 흥미진진한 이야기가 수없이 많다. 신드바드의 모험은 바로 스파이스루트를 통한 향신료 무역상들의 활약상이었다.

이미 오래전에 아랍 상인들은 동서 무역의 중간 기지를 확보하기 위해 인도의 서해안 말라바 지역에 식민지를 개척했다. 7세기에는 육두구와 정향을 얻기 위해 오늘날 말레이시아가 있는 말레이 반도까지 진출했고, 반도 끝에 있는 말라카라는 항구 도시에 향신료 무역의 교두보를 확보했다. 이어서 중국의 광저우까지 진출하였고, 그 후 점점 교역이 증가하여 중국에 이슬람 사원이 세워지기까지 하였다. 통일신라는 당과의 교역을 통해 서역에서 온 물품들을 접할 수 있었고, 이때 아시아 열대 지역에서 온 향신료들이 한반도에 유입되었을 것이다.

향신료는 스파이스루트를 통해 페르시아 만의 바스라나 예멘의 에덴, 홍해 위쪽에 위치한 쿨줌으로 들어온 다음 대상들의 낙타에 실려 카이로나 알렉산드라, 그리고 지중해 동쪽 해안으로 옮겨졌다. 실크로드를 통해서도 향신료를 비롯한 동방의 물품들이 지중해 연안에 도착했다.

비단과 향신료가 운반되는 과정은 결코 순탄치 않았다. 자연의 변화무쌍한 변덕으로 목숨과 귀중품을 한꺼번에 잃기도 했고, 통과하는 지역의 영주들에게 통행료와 교역세를 치르고 이 상인 저 상인을 거치다 보면 지중해의 동부 연안에 이를 때쯤에는 가격이 출발지와는 비교도 안 될 만큼 올라 있었다. 15세기 유럽 시장에서 정향과 육두구는 같은 무게의 금보다 더 비쌌다. 무역상은 평균 160배의 이익을 남겼다고 한다.

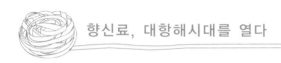

향신료, 대항해시대를 열다

지중해 동부 연안에 도착한 향신료는 베네치아, 제네바 공국 등을 통하여 유럽에 전해졌다. 이탈리아 공국들은 중개 무역을 통해 막대한 부를 축적했다. 이탈리아에서 르네상스가 꽃피운 것도 중개 무역을 통해 부를 쌓은 덕분이었다. 오랫동안 향신료는 아랍 상인들이 가져와 베네치아 상인들이 중개하여 전 유럽으로 팔았다고 할 수 있었다.

15세기에 이르러서야 유럽은 향신료를 직접 구하기 위해 새로운 바닷길 개척에 나섰다. 1492년 크리스토퍼 콜럼버스는 스페인 왕실의 후원을 받아 '금과 향료의 땅'을 찾아 서쪽 항로로 길을 떠났고 천신만고 끝에 '인도'에 도착했다. 그러나 사실 그곳은 인도가 아니라 오늘날 쿠바와 아이티 등이 있는 카리브 해의 섬들이었다. 콜럼버스의 착각 덕분에 오늘날에도 이 지역은 '서인도 제도'라고 불린다. 콜럼버스는 1498년 3차 항해이자 마지막 항해에서도 남아메리카 대륙에 있는 오리노코 강 하구에 도달했다. 하지만 그는 죽을 때까지 자신이 도착한 곳이 인도였고 그곳 원주민도 '인디언'(인도 사람)이라고 믿었다. 결국 이탈리아 탐험가 아메리고 베스푸치가 1497년과 1499년에 두 차례 항해를 한 끝에 이곳이 이전에 알지 못했던 신대륙이라는 것을 알게 되었고 유럽인들은 그의 이름을 따 신대륙을 '아메리카'라고 불렀다.

1490년대 말에 이르자 콜럼버스의 서쪽 항로에 대해 의구심이 생기고 남동쪽으로 항해하여 인도로 가는 바닷길에 대한 관심이 되살아났다. 포르투갈은 15세기 초부터 아프리카 대륙을 돌아 인도로 항해하는 계획을 세웠다. '항해왕'이라고 불리는 포르투갈 왕자 엔리케는 아프리카 서해안에 식민지를 개척하여 새로운 인도 항로의 기초를 다졌다.

포르투갈의 선장 바스코 다 가마가 1497년에 리스본을 출항하여 아프리카 희망봉을 돌아 1498년 5월 인도 서해안 말라바르 해안의 캘리컷에 도착했다. 드디어 새로운 인도 항로를 발견하게 된 것이다. 1511년 포르투갈은 '향신료의 섬' 인도네시아 몰루카 제도에 도착했고 가장 중요한 향신료 교역항인 말레이 반도 남서부에 있는 말라카에 기지를 세웠으며, 1512년에는 자바 섬

바스코 다 가마는 새로운 바닷길을 개척하여 인도 캘리컷에 도착했다.

까지 진출했다. 그다음에는 인도 서부 해안의 향신료 항구를 장악한 뒤 이슬람 중간 상인들에게서 향신료 교역권을 강제로 빼앗았다.

포르투갈 상선이 '향신료의 섬'까지 무사히 개척해 후추와 육두

구, 정향을 한가득 싣고 돌아왔다는 소식은 베네치아 상인들에게는 청천벽력 같은 소식이었다. 오랫동안 이탈리아와 아랍에게 막대한 이득을 주었던 향신료 무역은 새로운 정복자의 수중에 넘어갔다. 포르투갈이 동방과 직접 독점 무역을 하면서 중세 이래 중개 무역으로 승승장구했던 이탈리아 상인의 역할은 크게 축소되었다. 동방 무역의 중심은 자연스럽게 이탈리아 베네치아에서 포르투갈 리스본으로 이동했다. 지금까지 무역의 중심지는 십 수 세기 동안 지중해였지만, 이제 인도양과 대서양으로 옮겨진 것이 분명했다. 또한 향신료 전쟁의 서막이 시작되기도 했다.

포르투갈의 향신료 독점은 100년을 가지 못했다. 1500년대 후반에 네덜란드가 포르투갈을 밀어내고 향신료의 섬 몰루카 제도를 차지하고 인도 서해안, 인도네시아, 말레이 반도를 빼앗았다. 뒤이어 영국과 프랑스가 향신료 무역에 뛰어들면서 인도와 동남아시아 바다에서는 상대방의 함대를 겨냥한 함포 사격 소리가 끊이질 않았다. 그러나 향신료 무역에 있어서 네덜란드가 우위를 차지하자 영국 동인도 회사는 중국과의 교역을 통해 차와 아편 무역에 집중했고, 프랑스 동인도 회사는 인도와의 면, 비단, 쌀, 커피 무역에 집중했다. 1619년에 자바 섬을 중심으로 하는 네덜란드의 동인도 회사는 엄청난 번영을 누렸다.

17세기 중엽부터 향신료에 대한 흥미가 점차 사그라졌다. 예전보다 구하기 쉬워진 탓에 더 이상 사치와 부유함을 상징하지도 않았다. 결국 향신료는 보편화되면서 상스러운 것이 되어 버렸다. 유럽 궁정에서는 요리에 향신료를 거의 사용하지 않았다.

 ## 커피, 악마의 음료인가 만병통치약인가

아주 옛날 에티오피아에 칼디라는 양치기 소년이 있었다. 어느 날 칼디가 여느 때와 마찬가지로 양떼를 몰고 풀을 먹이러 나갔는데 그날 밤 양들이 밤늦게까지 흥분하여 잠을 자지 않고 울어 댔다. 비슷한 일이 몇 번 반복되었고, 칼디는 양들이 어떤 나무의 빨간 열매를 먹고 나면 자지 않고 흥분해 있다는 것을 알게 되었다. 이를 신기하게 여긴 칼디가 그 열매를 씹어 보니 아주 좋은 기분이 드는 것이 아닌가! 그래서 칼디는 근처에 사는 율법학자에게 그 열매를 보이며 이 사실을 알렸다. 하지만 율법학자는 악마의 열매라고 하면서 불 속에 던져 버렸는데 열매가 구워지면서 아주 향긋한 냄새가 났다. 율법학자는 생각을 바꾸어 이 열매를 갈아 시험 삼아 마셔 보았고 정말로 한밤중까지 정신이 또렷하고 잠이 오지 않았다. 율법학자는 그 열매가 밤샘 기도를 하는 동안 쏟아지는 잠을 물리치는 데 도움이 된다는 사실을 깨닫고 기도에 이용하였다.

이 빨간 열매가 바로 커피이다. 오늘날 커피는 하루에 약 25억 잔이 소비되고 있으며, 경제적 가치가 석유 다음이라고 한다.

향신료 독점체제를 깬 사나이

네덜란드가 향신료 전쟁에서 승리하
고 향신료 무역을 독점하고 나서 거의 한 세기
이상 그 어떠한 세력도 네덜란드의 독점을 깰
수 없었다. 특히 네덜란드는 정향과 육두구가
나는 몰루카 제도를 엄격히 통제했는데 묘목을
훔치는 사람은 가차 없이 사형에 처했다. 또한
향신료가 너무 많이 공급되면 가격이 하락할까

피에르 푸아브르

봐 멀리서 싣고 온 정향과 육두구를 암스테르담 항구 부두에서 불태우기도 했다.
불타고 있는 육두구를 한 알이라도 훔친 자는 손목이 잘리는 대가를 치러야 했다.

그런데 '후추'(Poivre)라는 숙명적인 성을 지닌 프랑스인 피에르 푸아브르
(Pierre Poivre)가 네덜란드로부터 이 보물들을 훔치는 데 성공했다. 그는 1767년 인
도양에 있는 마스카렌 제도의 지사로 파견되었을 때 정향과 육두구 나무 묘목을
훔쳐 아프리카 동해안에 있는 프랑스의 식민지 라 레위니옹 섬과 모리셔스 제도에
옮겨 심었다. 그 뒤 정향나무는 오늘날 정향의 최대 생산지인 잔지바르 섬에 보내
지고 다시 마다가스카르와 코모로, 셰이셸 등으로 퍼져 나갔다. 푸아브르의 목숨
을 건 모험으로 네덜란드가 육두구와 정향을 독점했던 시대는 결국 막을 내리고
말았다.

커피를 처음 언급한 사람은 11세기 아라비아 의사이자 철학자였던 아비시니아이다. 그러나 그 이전에도 에티오피아에서는 커피를 마셨다. 커피는 1100년경에 에티오피아에서 아라비아 반도까지 이동하여 예멘 지역에서 처음 경작되었다. 처음에 사람들은 커피를 음식으로 보지 않았다. 특히 이슬람교 신비주의자인 수피교도들은 밤샘 기도를 할 때 커피를 마시면 황홀경에 도달하여 신에게 더욱 가까이 갈 수 있다고 믿었다. 또한 커피가 천연두와 홍역을 예방해 주며, 통풍이나 역병을 치유해 주기도 하고 최음제 효과도 있다고 믿었다.

13~14세기에 커피는 아라비아를 거쳐 이집트와 터키 제국으로 전해졌다. 터키에서 처음으로 덮개가 없는 화로에 원두를 굽고, 구운 원두를 분쇄하여 끓는 물에 우려 마시기 시작했는데, 이것이 현재 우리가 즐기는 커피의 초기 형태라 할 수 있다.

....
터키식 커피는 커피를
거르지 않고 커피가루에
물을 타서 숯불에 그대로
끓여 마신다.

커피에 대한 열기가 높아지면서 1475년에 터키 콘스탄티노플에 세계 최초의 커피하우스가 생겼다.

16세기 후반부터 베네치아 상인들의 주도로 유럽에 커피가 수입되기 시작했다. 처음에는 많은 사람들이 이 새로운 음료를 의심했다. 심지어는 커피를 악마의 음료라고 부르며 교황이 이를 금지시켜야 한다고 했다. 그러나 커피가 각종 질병을 치료할 수 있는 약으로 소개되면서 상류층에 급속하게 퍼져 갔다. 1671년 프랑스 리용에서 출판된 한 책자는 커피를 차가운 체액을 말리고 간을 보호하며 몸과 피의 부패를 낮게 하고 심장을 신선하게 하고 위통을 완화시키며 눈병과 감기를 막아 주는 '만병통치약'이라고 소개하고 있다. 커피가 처음 유럽에 전해졌을 때는 접하기 어려운 것이어서 거의 궁정 사람들과 귀족에게만 알려진 사치품이었으나 일단 상업적으로 유용해지자 일반인들도 쉽게 접할 수 있는 기호품이 되었다.

프랑스 혁명은 검은 음료에서 시작되었다

1650년에 영국 최초의 커피하우스가 문을 열었다. 커피하우스는 점차 인기를 얻어 1715년에 런던에만 2,000여 개의 커피하우스가 생길 정도로 급속히 퍼져 나갔다.

영국의 커피하우스는 자유롭게 의견과 정보를 교환하는 사교 장

세상을 바꾼 맛

소가 되었다. 그곳에서 사람들은 교역과 정치, 그리고 문학을 논의
했다. 오늘날 세계 최대의 보험 회사인 런던의 로이드 회사도 커피
하우스에서 시작되었다. 에드워드 로이드는 1688년에 주로 선원들
과 상인들을 대상으로 하는 커피하우스를 열었다. 이 커피하우스에
서는 배의 화물과 운송 일정에 대한 상세한 목록을 제공하였다. 점
차 런던의 보험업자들은 운송 보험을 팔기 위해, 상인들은 운송 일
정을 확인하기 위해 로이드의 커피하우스에 모여들었다. 이러한 북
적거림 속에서 커피하우스는 로이드 보험 회사로 성장하였다.

　1670년대 파리에서는 터키식 복장을 한 행상들이 돌아다니며 커
피를 팔았다. 또한 커피하우스도 생겨나기 시작했는데 이탈리아인
프로코피오 데이 콜텔리가 1686년에 파리 생 제르맹 시장 근처에 문
을 연 '카페 르 프로코프'가 특히 유명했다. 카페 르 프로코프에는

르 프로코프에 모인 계몽주의자들을 그린 상상도이다. 손을 번쩍 든 사람이 볼테르이다.

디드로, 달랑베르, 루소, 볼테르, 뷔퐁 등 계몽주의 시대의 쟁쟁한 문인과 사상가 들이 자주 드나들었다. 우리가 책에서 만나는 유명한 사상가들의 생각이 이곳에서 날카롭게 갈아진 것이다. 볼테르는 프로코프에서 즐겨 앉았던 탁자가 있었으며 하루에 십여 잔의 커피를 마시는 것으로 유명하였다. 루소 또한 "아, 나는 이제 더 이상 커피 잔을 들 수 없겠구나."라고 말하며 눈을 감았다는 일화가 전해질 정도로 커피 애호가였다.

프랑스의 카페는 새로운 세계를 꿈꾸는 계몽주의자들에게는 토론의 장이었고, 파리 시민들에게는 중요한 뉴스 공급처였다. 손님

사이사이에는 정부 스파이들도 많았다. 바스티유 감옥에 보관된 문서에는 당시 카페에서 수집한 정보나 사소한 대화까지 기록되어 있었다. 앙시앙 레짐(구체제)의 견제 속에서도 커피하우스에서는 정치적, 사회적으로 진보를 원하는 목소리가 점점 커져 갔다.

> "카페 프로코프에 날마다 모였던 자들이 그들이 마시는 검은 음료의 깊이에서 예리한 눈짓으로 혁명의 해가 밝아오는 것을 보았다."
> – 프랑스 역사가 줄 미슐레

1789년 7월 12일 오후 젊은 법률가인 카미유 데물랭은 카페 '드 포이' 밖으로 뛰어나가 테이블 위로 올라가서 권총을 휘두르며 이렇게 소리쳤다. "무장합시다. 시민 여러분! 무장합시다!" 그의 외침은 빠르게 군중들 사이에 퍼져 나갔고, 화난 군중들은 이틀 후 바스티유 감옥을 포위했다. 프랑스 대혁명은 커피에서 시작되었다고 해도 지나치지 않다.

해독제에서 기호음료로 변신한 차

오늘날 차는 커피, 코코아와 함께 세계 3대 기호음료로 꼽힌다. 차의 역사는 중국에서 시작되었으며 약 5,000년 전으로 올라간다.

빵이 없으면
케이크를
먹으라고 하라

1789년 10월 6일, 바스티유 습격이 일어난 지 석 달이 지나고 시장에서도 빵을 구할 수 없었다. 아이들조차 굶주리자 성난 군중들은 돌과 몽둥이를 들고 베르사유 궁으로 향했다. 20킬로미터의 먼 길을 가는 내내 비가 내렸다. 그들은 왕비 마리 앙투아네트가 사치와 향락에 빠져 있으며, 빵이 없어 사람들이 굶주리고 있다는 소식에 왕비가 웃으면서 "빵이 없으면 브리오슈를 먹으라고 하라."라고 말했다는 소문에 몹시 분개하고 있었다. 브리오슈는 계란과 버터가 들어간 부드러운 커스터드 같은 케이크를 말한다. 왕비가 정말 그렇게 말했다면 궁 밖의 현실을 몰라도 너무 몰랐던 것이다. 루이 16세와 마리 앙투아네트, 그리고 왕자는 파리로 이송되어 바스티유 감옥에 갇혔다. 2년 뒤 왕비는 오스트리아에 있는 오빠에게 탈출하려다 국경 인근에서 붙잡혀 다시 파리로 압송되었다. 결국 왕과 왕비는 단두대에서 참수되었다.

기원전 2700년 무렵 신농씨는 사람이 먹을 수 있는 야생초와 과일을 찾아다니면서 100여 종의 풀들을 직접 맛보며 독성이 있는지를 알아보았다. 이때 그는 하루에 최고 72번이나 식물 독에 중독되었는데, 그때마다 매번 찻잎을 씹어 해독하였다.

신농씨는 중국의 전설 속에 나오는 고대 황제이다. 신농씨의 전설을 보면 처음부터 차를 마시는 음료로 여기지는 않았던 것 같다. 약으로 이용하다가 신과 조상께 바치는 음료로 제례에 사용되었고, 점차 일상적으로 마시는 기호음료로 정착된 것이다. 우리나라에는 신라 홍덕왕^{재위 826~836} 때 당에 사신으로 갔던 김대렴이 차의 종자를 가져와 차가 전래되었고, 지리산 일대에서 차를 재배하기 시작했다고 전해진다.

유럽에서는 포르투갈인들이 처음 차를 접했다고 알려졌지만 이들은 큰 관심을 두지 않았다. 17세기 중반 네덜란드인들이 일본 무사들의 다회茶會를 보고 차와 관련 도구를 유럽으로 실어 보냈다. 정성스럽게 차를 우려 마시는 모습은 단순히 음료를 마시는 행동이 아니라 신비한 문화로 받아들여졌다. 동양에서 수입해 온 차는 이국적인 상품이어서 네덜란드 암스테르담의 호화로운 살롱에서만 맛볼 수 있었다. 왕실과 상류층 사이에 차를 마시는 문화가 유행하면서 이를 주제로 한 연극이 상영될 정도로 네덜란드 귀부인들은 차에 열광했다. 차는 네덜란드에 의해 독일, 프랑스, 영국 등 유럽 여러 국가에 재수출되었다.

영국은 17세기 중반에 차를 접하게 되었다. 이때만하더라도 차는 무척 귀하고 비싸서 왕실 행사나 접대에만 사용되었다. 찰스 2세의 아내가 된 포르투갈 공주 캐더린은 영국에 올 때 차와 도구, 차를 준비하는 사람까지 데려왔다. 이때부터 차를 마시는 문화가 왕실에 정착하게 되었고, 18세기 초에 이르자 상류층으로 번져 갔다. 모든 계층이 즐겨 마셨던 술은 점차 상류층의 식탁에서 밀려났다. 아침식사 메뉴였던 고기와 술은 빵이나 토스트와 함께 이국의 기호품인 차, 커피, 초콜릿 등에 자리를 내주기 시작했다.

차는 커피하우스에서 판매되기 시작하면서 기호음료로 보급되었고, 식품점과 잡화점에서도 차를 판매하게 되었다. 신분의 상징인 차를 마시고자 하는 욕구는 일반 대중들 사이에서도 차 마시는 문화가 유행하게 만들었다. 18세기 중반에는 극빈층을 제외한 모든 가정에서 아침식사에 차를 곁들였다.

19세기에 산업혁명이 진행되는 동안 노동자들의 생산력을 향상시키는 데도 차가 이용되었다. 당시 노동자들의 생활은 무척 열악했다. 이들은 고된 노동을 견디고 비참한 삶을 잊기 위해 술에 취했다. 성실한 노동력이 절실히 필요했던 공장주들은 생산성을 끌어올리기 위해 '차 휴식 시간' tea break time을 고안해 냈다. 일하는 중간에 차를 마시고 잠시 휴식을 취하자 작업 능률이 올랐다. 생산성 향상을 위해 티타임이 만들어진 것이다. 또한 도시 노동자들은 시간 여유가 없어 아침에 간단하게 먹을 메뉴가 필요했다. 바로 차와 빵, 죽 등이 이에 적합한 메뉴였다. 점차 차는 도시 빈민층뿐만 아니라 농촌 소작농에 이르기까지 전 계층의 기호품이 되었다.

미국의 독립을 가져온 차

1773년 12월 16일 한 무리 청년들이 인디언으로 가장하고 보스턴 항에 정박해 있던 동인도 회사 선박 두 척을 급습해 그 안에 있던 차를 모두 바다에 던져 버렸다. 이것이 미국 독립 운동의 발단이 되었다는 보스턴 차 사건이다.

영국은 유럽에서 7년 전쟁을 치르고 북미에서 프랑스와 전쟁을 치르면서 막대한 부채에 허덕였는데, 이를 해결하기 위해 각종 조례를 통해 식민지에 조세를 부담하게 했다. 아메리카 식민지 지식인과 상인들은 이에 반발했고, 1773년 영국이 차 조례를 발표하자 보스턴 차 사건으로 문제가 불거진 것이다.

동인도 회사의 재정이 악화되자 영국은 차茶조례를 발표하여 동인도 회사가 본국을 거치지 않고 식민지와 직접 무역을 할 수 있게 하였다. 본국을 거치지 않기 때문에 북미 식민지들은 더 싼 값에 차를 공급받을 수 있었지만, 네덜란드에서 차를 밀수해 이익을 챙기던 식민지 상업 자본가들은 경쟁력을 잃게 되었다. 그래서 이들은 '자유의 아들'이라는 청년 조직을 동원해 보스턴 차 사건을 일으켰다.

영국은 이에 대응해 보스턴 항구를 봉쇄하고 찻값을 배상하도록 했다. 또한 식민지 자치권을 정지해 직속령이 되도록 했고 집회를 금지하고 식민지 파견군의 주둔 비용을 부담하도록 했다. 이에 식민지 지배 계급들은 각 주의 대표자들이 모인 북미 대륙회의를 소집하였고, 식민지 민병과 영국군 사이에 무력 충돌이 일어났다. 마침내 1776년 7월 대륙회의는 독립선언을 공포하였고, 독립을 위한 전쟁이 시작되었다.

차와 아편전쟁

18세기가 끝날 무렵 영국은 세계 최대 해상 세력이자 식민 제국이 되어 있었다. 그리고 동인도 회사의 효율적인 상업 활동 덕분에 영국에서 차 소비가 급증할 수 있었다. 1730년에는 차 수입량이 연간 450톤이었으나 1790년에는 9,000톤으로 20배 이상 늘어났다. 더욱이 18세기 말 영국 정부가 차의 수입세를 인하하고부터 일반 국민 사이에 차를 마시는 습관이 보급되어 중국산 홍차 수입이 급격하게 증가했다. 차 사업의 확장은 막대한 세수의 원천이 되었기 때문에 회사뿐만 아니라 정부에도 이득이 되었다. 하지만 차 수입은 중국에 의존해야만 했고 차를 구입하는 데 엄청난 은이 들어갔다.

이 문제를 해결할 방법으로 떠오른 것이 바로 '아편'이었다. 영국 동인도 회사는 중국에 아편을 수출하고 차 구매 자금을 조달하였다. 중국인들은 8세기 무렵 아랍을 통해서 아편을 받아들였고, 이를 주로 의학적 용도로 사용하고 있었다. 하지만 네덜란드인들이 담배와 파이프를 들여온 뒤로 담배와 아편을 섞어서 흡연하는 풍습이 생겼고, 아편의 수요가 점차 늘어났다. 1796년 중국은 아편 소비를 근절하기 위해 아편의 흡연뿐만 아니라 수입까지도 불법으로 규정하는 조칙을 발령했다. 하지만 동인도 회사는 현지 상인들과 자영 밀수업자 조직을 이용해서 계속해서 마약을 수출했다. 아편 대금으로 은이 빠져나가 통화 가치가 떨어지고 아편 중독자가 늘어나자 황제는 강경한 아편 금지론자로 알려진 임칙서를 흠차대신으로 광저우에 파견하여 밀수를 근절하고자 하였다.

1839년 6월 임칙서는 무력으로 영국 상인의 아편을 몰수하여 아편 상자 총 2만 283통을 폐기하였다. 아편을 폐기하는 데만 20일이 걸렸다. 영국 상인들은 아편 무역을 금지하고 위반자는 교수형에 처한다는 문서에 서명을 거부한 채 마카오로 철수했고, 영국 정부는 자국의 무역을 보호한다는 구실로 원정군 파견을 결정했다.

1840년 여름, 함선 48척과 병력 4,000명으로 구성된 영국 함대가 북상하여 베이징에 이르는 통로에 있는 다구와 톈진을 위협하자, 청조는 일단 휴전을 명하고 임칙서를 전쟁 도발자로 몰아 면직시키고 강화 교섭을 추진하였다. 그러나 화평을 위한 초안을 양쪽 다 받아

영국과 프랑스 연합군이 일으킨 2차 아편전쟁으로 중국은 아편을 합법화할 수밖에 없었다.

들이지 못하고 전쟁이 재개되었다. 다음 해 증원 부대 1만 명을 추가한 영국군은 양쯔강으로 침입하여 난징에 육박하였다. 난징이 함락되면 황제의 권위가 실추될 것을 염려한 청조는 그 직전에 영국의 요구를 전부 수락하고 1842년 8월 최초의 불평등 조약인 난징 조약을 체결하였다. 그 뒤 추가 조약을 통해 광둥 외에 복주, 하문, 영파, 상해 등 4개 항구를 통상 무역을 위해 추가로 개항하기로 했다. 항구의 무역 조계지에서는 세제와 사법상 주권의 일부마저 제한되었다. 게다가 중국은 당시로서는 엄청난 액수인 2,100만원元을 전쟁 배상금과 아편 보상금으로 지불해야 했다. 그리고 홍콩 섬도 영국 정부에 이양했다. 중국은 아편의 합법화만큼은 거부했으나 제2차 아편전쟁에 패해 1860년에 이마저 수용할 수밖에 없었다.

매운맛

새로운 먹을거리의 도래

•• 콜럼버스의 아메리카 대륙 발견은 유럽의 식문화에 큰 변화를 가져왔다. 스페인 정복자들은 황금뿐만 아니라 새로운 식품인 감자, 토마토, 옥수수, 초콜릿을 유럽으로 가져왔다. 처음에 유럽 사람들은 낯선 세계에서 온 낯선 식품을 쉽게 먹으려 하지 않았다. 그러나 감자는 구휼 작물로 수많은 유럽인들의 목숨을 살렸고, 옥수수는 신대륙에 이주한 백인들을 기아에서 구해 주었다. 하얀 피자는 토마토를 만나 이탈리아 남부 지방 음식에서 세계적인 음식으로 발돋움했고, 아즈텍족의 초콜릿 음료는 유럽으로 건너와 왕비들의 사랑을 받는 음료가 되었다. 감자, 토마토, 옥수수, 초콜릿은 이제 어디를 가든 쉽게 볼 수 있는 음식이다. 16세기 스페인 정복자들에 의해 사라진 고대 문명의 유산을 전 세계인들이 함께 누리고 있는 것이다. ••

감자, 돼지 먹이에서 구원의 식량으로

1522년 스페인 탐험가 피사로가 안데스 산지에서 캐낸 감자를 유럽에 처음 전했다. 하지만 유럽인들은 땅 속에서 놀라운 속도로 뻗어 나가는 감자 줄기와 한 줄기에 여러 개가 주렁주렁 열려 있는 모습을 보고 끔찍해하며 사람이 먹을 수 있는 음식으로 여기지 않았다.

"악마가 농간을 부린 식물이다."
"노예가 먹는 비천한 음식이다."
"감자를 먹으면 나병에 걸린다."

감자는 굶어 죽어도 먹고 싶지 않을 정도로 혐오스러운 음식이었다. 1770년 나폴리에 대기근이 닥치자 북유럽에서 감자를 구호품으로 보냈다. 그러나 나폴리 사람들은 배를 곯으면서도 감자를 만지는 것조차 거부했다. 1774년 프러시아에서는 프리드리히 대왕이 기근 대책으로 감자를 심을 것을 명령해도 따르는 사람이 없었다. 콜베르크 지방 사람들은 왕에게 올린 상소문에서 "개조차 맛이 없어 먹으려 하지 않는 것을 우리가 먹어야 한단 말입니까!" 하고 호소했다.

그 와중에 감자를 보급하고자 노력한 사람이 있었다. 프랑스 군대의 약사였던 파르망티에였다. 그는 프러시아와의 7년 전쟁 때 포로 생활을 했는데 독일인들은 프랑스 포로들에게 돼지 먹이였던 감

한 줄기에 여러 덩이가 열리는 감자가 처음 유럽에 넘어왔을 때 사람들은 먹을 음식으로 보지 않았다.

자를 식사로 배급했다. 그때 경험으로 파르망티에는 감자가 기아를 해결할 수 있는 영양 식품임을 알리기 시작했고, 루이 16세에게 감자를 소개했다.

루이 16세와 마리 앙투아네트는 루이 15세가 군대를 사열했던 땅에 감자를 재배했고 착검을 한 화려한 경비병들로 하여금 감자밭을 지키게 했다. 일요일마다 구경꾼들이 몰려왔고, 왕의 군대가 감자를 지킬 정도라면 돼지 먹이로밖에 쓰지 못할 나쁜 음식이 아닐지도 모른다는 생각을 하게 되었

파르망티에가 루이 16세와 마리 앙투아네트에게 감자꽃을 건네고 있다.

다. 그리고 경비가 느슨해진 밤에 감자를 훔쳐가기 시작했다. 감자를 보급하려 했던 루이 16세의 계책이 먹힌 것이다.

1789년 바스티유 감옥이 무너지고 프랑스 혁명이 일어날 무렵에는 더 이상 감자를 홍보할 필요가 없었다. 사람들이 너무나 굶주려 있었기 때문이다. 18세기 말이 되자 독일에서도 감자를 먹을 수 있는 것으로 확신하게 되었다. 독일은 토양과 기후가 척박해 밀보다는 호밀과 귀리 등의 곡물을 재배했는데, 척박한 곳에서도 잘 자라는 감자

는 중요한 식량원으로 급부상했다. 독일 북부의 농민들은 가루를 내어 국수를 만들기도 했다. 이후 감자는 널리 빠르게 보급되었으며, 오늘날에는 감자 없는 독일의 식탁을 상상하기 어렵다.

유럽에서 감자를 가장 먼저 받아들인 나라는 아일랜드였다. 가난한 아일랜드인은 주식인 귀리가 흉작이었을 때 감자로 목숨을 연명했다. 아일랜드에서는 감자가 빵을 제치고 주식으로 자리 잡았으며, 남자들은 감자 껍질을 좀 더 쉽게 벗기기 위해 일부러 엄지 손톱을 길게 길렀다. 1700년대 말 무렵 아일랜드 사람은 날마다 약 4.5킬로그램의 감자를 먹었다. 영국인들은 이런 아일랜드인들을 "빵 대신에 지저분한 뿌리나 먹어서 아무 일도 하지 않고 잠이나 자며 간통이나 즐기는 게으른 족속"이라고 조롱했다.

이 경멸 어린 조롱은 아일랜드를 지배하고 있던 봉건 영주들의 불안에서 나온 것이었다. 감자밭은 1에이커만 있어도 아일랜드 6인 가족이 1년 내내 실컷 먹기에 충분했기 때문에 아일랜드 농민들이 영국의 지주들에게서 훨씬 자유로워질 수 있었다. 그래서 영국의 봉건 영주들은 불길한 예감에 사로잡힐 수밖에 없었다.

이렇게 비아냥대던 영국도 산업혁명 이후 감자를 받아들일 수밖에 없었다. 밀농사만으로는 폭발적으로 증가하는 인구를 감당할 수 없었기 때문이다. 감자는 척박한 땅에서도 잘 자라고 같은 면적으로 두 배나 많은 인구를 먹여 살릴 수 있었다. 게다가 값비싼 오븐 대신 냄비 하나만 있으면 조리할 수 있고, 빵을 굽는 것보다 연료비를 아

고흐 〈감자 먹는 사람들〉(1885)

낄 수도 있었다. 산업혁명기의 도시 빈민과 소작농에게는 연료도 큰
부담이었다. 경제적인 이유로 감자는 차츰 유럽인의 주식으로 떠오
르게 되었다.

감자는 배고픔을 해결해 준 구휼 작물이었지만, 반대로 큰 기근
에 빠뜨리기도 했다. 1845년 9월 아일랜드에 감자마름병이 돌아 감
자가 시들시들 죽어 버렸고, 이듬해에는 작물을 재배할 씨감자조차
구할 수 없었다. 5년간 감자 90퍼센트가 썩어 나가 100만 명이 넘는

사람이 굶어죽었고, 배고픔을 참지 못하고 이민을 떠난 수가 130만 명에 이르렀다. 이민자 상당수가 미국으로 건너갔는데, 케네디의 조상도 아일랜드 이민자였으니 감자가 없었다면 미국의 역사가 바뀌었을지도 모른다.

 ## 악마의 과일 토마토

이탈리아 요리하면 토마토를 빼놓을 수 없다. 토마토소스 없는 파스타와 피자는 상상하기 어렵다. 그러나 토마토가 유럽에 전래된 것은 500년이 되지 않았다. 이탈리아 사람들이 수천 년 동안 토마토를 먹지 않고 살았다는 사실이 믿기지 않는다.

토마토는 지금의 볼리비아, 페루, 에콰도르 북쪽인 안데스 산맥 서쪽에서 처음 경작되었다고 한다. 기원전 5세기에 멕시코 지역에 전래되었고, 잉카와 아즈텍의 조상들은 노란 열매의 작은 토마토를 경작해서 먹었다. 영어 'tomato'는 아즈텍어인 'tomatl'(토마틀)에서 유래되었다. 유럽에 토마토가 들어온 것은 스페인이 신대륙을 점령했을 때이다. 스페인 성직자들이 귀국할 때 토마토 씨를 세르비아로 가져왔다는 설도 있고 1519년에 에르난 코르테스가 멕시코 정복 때 토마토 묘종을 들여왔다는 주장도 있다.

토마토 역시 유럽에서는 환영받지 못했다. 사람들은 토마토를

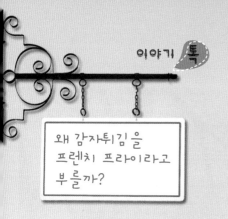

왜 감자튀김을
프렌치 프라이라고
부를까?

얇고 긴 감자튀김을 모든 나라에서 프렌치 프라이라고 부르지는 않는다. 미국에서는 프렌치 프라이즈(French fries)라고 하지만 영국에서는 칩스(Chips)라고 부른다. '프렌치 프라이'라니, 프랑스식 감자튀김이라는 말 아닌가? 하지만 프렌치 프라이는 벨기에가 기원이라는 설이 널리 퍼져 있다. 벨기에 이민자들이 미국에 감자튀김을 들여왔는데, 그들이 프랑스어를 사용했기 때문에 프랑스인으로 오해를 받은 것이다.

벨기에는 감자튀김만 전문으로 파는 식당이 있고 일반 가정에 감자튀김기가 있을 정도로 감자튀김을 사랑한다. 벨기에의 홍합찜과 감자튀김 요리는 특히 유명하다. 사실 프랑스에서는 감자튀김을 '뽐므 프리트'(pommes frites)라고 하고, 줄여서 프리트라고 부른다. 그러니 프랑스에서 감자튀김을 시킬 때는 "프리트, 실부플레!"라고 말하길!

이브가 에덴 동산에서 아담을 유혹할 때 사용했던 과일이라고 믿었다. 당시 '사탄의 사과' 또는 '사랑의 사과'로 알려져 있던 맨드레이크와 비슷했기 때문이다. 해리포터에서 비명 지르는 식물로 등장했던 맨드레이크는 본래 악마의 과일로 여겨졌으며, 최음제로 유명했다. 두 식물은 전혀 다르지만 유럽에서는 몇 백년 동안이나 똑같은 것으로 여겨졌다. 처음에 들여온 토마토는 노란색이었던 데다 이브의 사과 이미지와 겹쳐져 '황금사과'라고 불렸다.

처음에 유럽에 전해진 토마토는 노랗고 열매가 작았다.

토마토는 최소한 150년간 냉대를 받아오다가 1700년대 초반에 이르러서야 비로소 인정받기 시작했다. 특히 이탈리아에서는 토마토를 퓌레로 만들어 요리의 재료로 쓰거나 다른 음식에 소스로 곁들였다. 그러나 쉽게 받아들여진 것은 아니었다. 1700년대 중반 유명한 가톨릭교의 윤리학자인 키아리 대수도원장은 "아메리카에서 들여온 마약을 뿌린 음식을 먹는 관습보다 더 나쁜 것은 없다."라는 글

세 상 을 바 꾼 맛

을 남기기도 했다. 여전히 토마토를 먹으면 이가 빠진다거나, 그 냄새를 맡으면 미치광이가 된다고 믿는 사람들도 있었다.

사람들의 편견 때문에 웃지못할 해프닝도 있었다. 1820년 9월 26일 미국 육군 대령 존슨은 뉴저지 주 셀럼 재판소 앞에서 토마토를 먹어 보이겠다고 발표했다. 그가 급사하는 것을 구경하려고 멀리서도 사람들이 우르르 몰려왔다. 대령은 자신의 텃밭에서 기른 토마토를 들고서 두려움에 떠는 군중들에게 큰 소리로 말했다. "이것을 먹어도 아무 탈이 없다는 것을 보여 줄 테니 똑똑히 보시오." 그가 토마토를 한 입 깨물자 빨간 즙과 노란 씨가 사방으로 튀었다. 이를 본 구경꾼들은 기겁해서 기절하기도 했다. 물론 그에게는 아무 일도 일어나지 않았다. 오늘날 유명한 스페인의 작은 도시 브뇰에서 하는 토마토 축제를 보면 토마토가 사탄의 식품으로 여겨졌다는 사실이 믿기지 않는다.

피자, 빈민 음식에서 세계적인 음식으로

이탈리아 요리에 토마토가 등장한 역사는 불과 300년밖에 되지 않는다. 파스타에 토마토소스를 섞은 요리 '나폴레타나'가 언제부터 일반적인 요리가 되었는지 확실하지는 않지만 18세기 이탈리아 나폴리에서 시작된 것으로 추정한다. 또한 토마토소스가 기본으로 들어가는 피자 역시 나폴리에서 만들어졌다. 오늘날의 피자는 나폴리에서 만들어 먹던 둥글납작한 빵에서 진화한 것이다. 피자의 원래 모습은 납작한 빵 위에 마늘과 돼지기름, 소금을 얹은 것으로 흔히 화이트 피자라고 했다. 요리사들은 피자에 토마토를 얹은 마카로니를 팔던 나폴리의 파스타 노점상들과 경쟁하기 위해 토마토를 쓰기 시작했다.

> "굽다가 태운 크러스트의 시커먼 색, 마늘과 앤초비(소금에 절인 멸치)의 희끄무레한 광택, 기름에 볶은 허브의 초록빛 도는 누르스름함, 여기 저기 뿌려진 토마토 조각의 붉은 빛이 어우러진 피자는 노점상의 더러움에 걸맞은 오물 덩어리처럼 보인다."

『피노키오의 모험』을 쓴 이탈리아 작가 카를로 콜로디[1826~1890]는 피자를 이렇게 표현했다. 원래 피자는 가난한 사람들의 음식이었다. 가난한 사람들에게 피자는 평일에 먹는 음식이었고, 마카로니는 모아 둔 돈으로 일요일에 먹는 특식이었다. 나폴리의 가난한 사람들은 집에 요리 시설이 없었기 때문에 노점에서 피자를 사서 길거리에서 먹었다. 그리고 1페니면 조그만 피자 한 조각으로 배를 채울 수 있었다. 오랫동안 피자는 남부 이탈리아의 가난한 사람들이 먹는 음식으로 남아 있었다. 그러다 1889년에 피자 역사에 전설이 된 사건이 일어났다.

....
붉은색 토마토, 흰색 치즈,
초록색 바질이 올려진
마르게리타 피자는
이탈리아 국기의
세 가지 색을 연상시킨다.

  통일된 이탈리아 왕국의 2대 국왕 움베르토 1세와 그의 아내 마르게리타 여왕이 1889년에 나폴리를 방문했다. 왕과 왕비는 당시 귀족들이 먹던 프랑스 요리에 질려 있었다. 여왕은 피자 가게 브랜디의 요리사 라파엘로 에스포시토에게 먹을 만한 여러 가지 피자를 만들라고 했다. 그 가운데 여왕은 토마토와 모차렐라 치즈, 그리고 바질을 얹은 피자를 마음에 들어 했다. 그 피자는 나중에 여왕의 이름을 따 '마르게리타' 피자로 불리게 되었다.

  하지만 여전히 피자는 전국적인 음식이 되지 못했다. 제2차 세계 대전이 끝나고 1950년대와 1960년대에 남부 이탈리아 사람들이 북부 도시로 대거 이주하면서 피자가 이탈리아 북부로 퍼지게 되었다. 그리고 유럽 다른 국가와 미국에도 이탈리아 이민자들을 통해 소개되었다.

  이탈리아 안에서도 남부는 특히 더 가난했고, 가난을 벗어나기 위해 남부 이탈리아 사람들은 19세기 후반부터 미국으로 이주했다. 그들은 미국 북동부 몇몇 도시에 공장 노동자로 일하며 대단위 주거 단지를 이루고 살았다. 이 이민자들을 상대로 피자를 파는 가게들이 있었으나 대부분 무허가 피자 가게들이었다. 1930년대 초에 롬바르 디라는 이탈리아 이민자가 뉴욕에 간단한 파스타와 피자를 파는 가게를 열면서 뉴욕에 피자 가게 열풍이 일어났으나 미국 북동부의 이탈리아계 거주지를 벗어나지 못했다.

그러나 제2차 세계대전이 끝나고 미국으로 돌아온 병사들이 이탈리아에서 맛보았던 음식 맛을 잊지 못해 이탈리아 식당을 찾았고, 피자를 집에서 만들어 보기도 했다. 1940년대 말과 1950년대 초 가정에서 피자를 만드는 요리법이 널리 알려졌다. 1940년대 중반 시카고에서는 크러스트가 더 두껍고 토핑이 많은 딥디시 피자가 등장하여 이탈리아 출신이 아닌 일반 소비자들에게도 인기를 얻었다. 드디어 1958년에 캔자스 위치토에 피자헛 1호점이, 1960년에 미시간에 도미노 1호점이 문을 열었다. 1970년 무렵 피자는 미국 20대가 가장 좋아하는 간식이 되었다. 피자는 나폴리의 초라한 거리에 태어나서 미국에서 가장 대중적인 음식이 되고 오늘날에는 세계 곳곳에서 사랑받고 있다.

신대륙 이주민을 살린 옥수수

"진흙으로 빚은 최초의 인간은 홍수로 사라져 버렸다. 나무로 만든 두 번째 사람은 폭우로 떠내려가 버렸다. 세 번째 사람만이 살아남을 수 있었는데, 바로 옥수수로 만든 사람이었다."

고대 마야인들에게 최초의 인간은 옥수수로 만든 사람이었다. 옥수수는 신이 준 선물이었다. 잉카인들 또한 옥수수 신을 숭배하였는데, 처음으로 음식을 요리하는 법을 알려 준 치코메코아틀 부부와 킨틀바틀이 옥수수 신들이었다. 아메리카 인디언들에게 옥수수는 생명의 원천이었으며 이들의 문명은 옥수수의 높은 번식력 덕분에 더 빨리 발전할 수 있었다.

마야의 옥수수 신

유럽에서 신대륙으로 건너온 최초의 이주자들은 옥수수라는 식량을 확보하지 못했으면 쉽게 정착하지 못했을 것이다. 1620년 메이플라워호를 타고 신대륙에 건너온 영국 청교도들 중 한 사람은 자신의 일기에

"우리가 가져온 콘은 싹이 트지 않았다. '인디언 콘' indian corn은 잘되지만"이라고 기록했다. 원래 콘은 일반 작물을 뜻하는 말이었다. 여기서 인디언 콘은 옥수수를 말한다. 그래서 미국에서는 옥수수를 그대로 콘이라고 부른다. 하지만 영국에서는 메이즈 maize라고 부른다. 서인도 제도 원주민 말에서 유래한 스페인어이다.

옥수수는 어디에서나 어떤 기후에서나 잘 자랐다. 인디언들은 오랜 세대에 걸쳐서 습득한 옥수수 재배 기술을 이주자들에게 전수해 주었다. 인디언들이 자신들이 가지고 있던 것들을 기꺼이 나누어 주었기 때문에 1522년과 1623년의 기근에도 불구하고 이주자들의 희생은 적었다. 기록을 보면 버지니아의 포우하탄족 여성인 포카혼타스가 옥수수를 주지 않았다면 그곳에 정착했던 많은 백인들이 죽었을 것이다. 그러나 불행하게도 프랑스와 영국은 북아메리카 땅을 서로 차지하려는 과정에서 인디언들의 옥수수 밭과 창고를 불태워 버리는 일이 잦았다. 옥수수 신은 이 유럽 이주자들의 무참한 살육에 보복을 내렸다. 다른 것을 먹지 않고 옥수수만 먹으면 비타민B군인 나이아신이 부족해 '펠라그라' 라는 병에 걸리게 된다. 펠라그라는 피부질환과 소화 및 신경질환을 유발하는 병이다. 옥수수를 주식으로 했던 유럽의 여러 나라들과 미국의 서민들과 아프리카인들은 펠라그라로 인해 엄청난 고통을 겪었다. 하지만 아메리카 원주민들은 옥수수를 주식으로 먹는데도 펠라그라에 걸리지 않았다. 그들은 조상들이 해 왔던 것처럼 석회수에 옥수수를 담가 밤새도록 불렸기 때문이다. 석회는 나이아신을 분해하여 소화할 수 있게 도와준다. 1930년에야 과학적인 연구로 펠라그라의 원인이 밝혀지면서 치료와 예방이 가능해졌다.

옥수수는 콜럼버스가 아메리카를 발견한 지 100년도 지나지 않아 유럽 중부까지 퍼져 전역에서 재배되었다. 하지만 유럽에 처음 소개되었을 때는 낯선 이교도의 곡물로 여겨졌고 글루텐 성분이 적어 폭신한 빵을 만들기에는 적합하지 않아 널리 재배되지 않았다. 그러나 곧 옥수수가 유용한 곡식임을 인식하여 프랑스, 이탈리아, 투르크, 북아프리카까지 전파되고, 아프리카 각지로는 16~17세기 사이에 퍼졌다. 이탈리아에서는 비교적 빨리 옥수수를 먹기 시작했는데, 끓는 물에 옥수수가루를 부어 걸쭉하게 죽처럼 만들어 먹는 폴렌타가 유행했다. 아시아에는 16세기 초 포르투갈 사람들이 들여왔고 인도에서 티베트를 경유하여 1555년 무렵 중국으로 들어왔다. 중국에 전파된 옥수수는 중국 서부, 필리핀 및 동인도 등에서 중요한 작물로 재배되기 시작하였다. 우리나라에 옥수수가 처음 들어온 시기는 고려시대라는 주장도 있으나 16세기 조선시대 때 중국을 통하여 들어온 것으로 추정된다. 일본은 16세기에 포르투갈 사람이 전파한 것으로 알려져 있다.

쌉쌀하고 달콤한 초콜릿은 카카오나무 열매의 씨앗으로 만든다. 카카오나무의 원산지는 중앙아메리카이다. 고대 마야족에게 카카오는 신들의 양식이었으며, 카카오나무는 신성을 가진 나무였다.

마야족은 카카오 열매 씨앗을 갈아 물에 타고 끓인 뒤 여러 번 다른 그릇에 따라 거품을 내어 마셨다. 14세기에 멕시코 분지를 차지했던 아스텍 사회에서는 왕과 귀족만 초콜릿 음료를 마실 수 있었다. 평민 가운데 이 음료를 맛볼 수 있었던 사람은 전장에 나가는 병사들뿐이었다. 초콜릿 음료가 힘을 북돋아 준다고 믿었기 때문이다. 아스텍족에게 초콜릿은 지혜와 힘의 원천이었다. 또한 최음 효과를 위해 결혼식 행사의 음료로도 쓰였다. 몬테수마 왕은 하루에 50잔 이상을 마셨는데, 규방에 들기 전에 반드시 한 잔의 초콜릿을 마셨다고 한다.

아스텍족의 초콜릿 음료는 오늘날 우리가 알고 있는 달콤하고 걸쭉한 음료가 아니라 매우 쓰고 기름진 음료였다. 마야족들은 초콜릿을 뜨거운 음료로 여긴 데 반해 아스텍족은 차갑게 해서 마셨다. 스페인이 아메리카 대륙을 정복한 뒤에 이곳에 온 예수회 수도사 호세 데 아코스타에 따르자면 "대부분의 카카오는 '초콜라테'라는 음료로 이용되었다. 이 음료는 거품이 많아 맛있지 않았다." 마야족이나 아스텍족에게 거품은 초콜릿 음료에서 가장 중요한 요소이자 가장 맛있는 부분이었다.

신대륙에 이주한 스페인인의 자손들인 크리오요들은 시간이 지나면서 아스텍족의 문화를 받아들여 토착화시켰는데, 초콜릿 음료 또한 약간 변화를 거쳐 일상적 음료가 되었다. 아스텍족이 보통 차갑게 마시거나 실온과 유사한 온도로 마셨던 데 반해 스페인의 백인들은 초콜릿 음료를 뜨겁게 마셨다. 또 초콜릿의 쓴 맛을 없애기 위해 설탕을 넣어 먹었다. 그리고 초콜릿 음료에 향을 내기 위해 정복자들에게 이미 익숙한 육계피나 아니스, 후추와 같은 향신료가 아니라 고추와 같은 현지 향신료를 썼다.

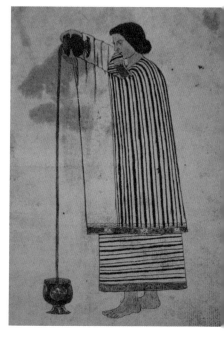

마야 도기에 그려진 그림으로 여인이 초콜릿 음료의 거품을 내고 있다.

다른 희귀한 수입품과 함께 유럽에 수입된 초콜릿은 중과세 대상이었기 때문에 매우 비싸 일반인이 접근하기 어려운 상품이었다. 따라서 초콜릿은 아스텍 사회와 마찬가지로 스페인에서도 특권층의 음료였다. 스페인에 도착한 이 신비로운 식품은 원기를 북돋우고 최음 효과가 있다고 알려지면서 급속도로 퍼져나갔다. 커피와 마찬가지로 초기에는 초콜릿을 음료가 아니라 일종의 '약'으로 받아들인 셈이다. 초콜릿이 한 궁정에서 다른 궁정으로, 이 귀족 저택에서 저 귀족 저택으로, 이 수도원에서 저 수도원으로, 온 유럽을 돌아다닐 수 있었던 것은 바로 이 때문이었다.

가장 먼저 초콜릿을 도입한 스페인에서는 17세기 전반 동안 초콜릿 음료를 마시는 것이 궁정이나 귀족 문화가 되었다. 프랑스의 귀족 부인 마담 돌노니는 스페인을 방문하였을 때 스페인의 초콜릿 문화에 깊은 인상을 받았던 모양인지 "사람들은 너무나 많은 후추와 향신료를 넣어 초콜릿을 마시는데, 혀가 타지 않는 게 이상했다."라고 말했다.

프랑스 또한 금세 초콜릿의 매력에 빠져 들었다. 스페인이나 이탈리아와 마찬가지로 어떻게 프랑스에 초콜릿이 유입되었는지에 대한 의견은 분분하다. 프랑스 수도원과 스페인 수도원의 교류를 통해 전해졌다는 주장도 있지만 1615년에 루이 13세와 결혼한 스페인의 공주 안느 도트리쉬가 프랑스에 초콜릿을 가져왔다는 설이 가장 일반적인 견해이다. 초콜릿을 가지고 프랑스 왕실에 들어온 공주는 많은 초콜릿 신봉자들을 만들었다. 하지만 아직은 소수만이 초콜릿을 맛볼 수 있었다. 1643년에 루이 13세가 죽은 뒤, 여왕은 섭정을 하면서 자신의 입맛을 궁정에 정착시켰다. 그녀의 애인 마자랭 추기경은 이탈리아 초콜릿업자를 고용하기도 했다.

1770년에 루이 16세와 결혼한 마리 앙투아네트는 오스트리아에서 자신의 초콜릿 제조업자를 데려왔다. 그녀는 설탕과 바닐라만 첨

세 상 을 바 꾼 맛

장-에티엔느 리오타르, 〈초콜릿을 나르는 소녀〉(1743~1745)

가해서 단순하게 만든 초콜릿을 즐겼다. 앙투아네트는 '여왕의 초콜릿 제조사'라는 직책을 만들었는데, 이 직책은 '자랑스러운 문장 장식을 여러 개 단 남작의 직위보다 더 돈벌이가 되는' 자리였다.

초콜릿이라는 새로운 산물은 아직 제대로 규정되지 않았기 때문에 한편에서는 열광했고, 다른 한편에서는 의심했다. 애호가들은 영양과 약으로의 효능을 강조했고, 혐오자들은 그 효능을 의심하면서 이를 마시는 것을 타락한 행위라고 비난했다. 초콜릿을 둘러싼 찬반 논의에도 불구하고 초콜릿의 소비는 계속해서 증가했다. 하지만 초콜릿을 만드는 방식이 효율적이지 않아 많이 생산할 수는 없었다. 아스텍족의 전통적인 방식에 따라 메타테(카카오를 가는 맷돌)로 카카오 원두를 갈기 위해서는 무릎을 꿇은 상태에서 작업을 해야 했기 때문이다. 1732년에 뒤뷔쏭이 숯으로 불을 때는 높은 작업대를 발명하여 비로소 서서 일할 수 있게 되면서 생산성이 높아졌다. 1778년에는 파리에서 도레라는 사람이 수력을 이용한 카카오 분쇄기를 발명했다. 초콜릿이 인기를 끌자 카카오 찌꺼기와 아몬드 반죽을 섞어 만든 가짜 초콜릿도 등장했다. 1740년에 사바리는 "파리는 가장 질 나쁜 초콜릿을 만들어 내는 곳"이라고 기술했다.

1828년에 초콜릿 산업에서 혁명적인 변화가 일어났다. 바로 마시는 초콜릿이 아닌 오늘날 초콜릿 하면 떠오르는 '씹어 먹는 초콜릿'이 등장한 것이다. 네덜란드의 화학자 코엔라드 반 후텐은 카카오 버터를 분리하는 실험을 거듭한 끝에 매우 정교한 유압 압착기를 고안했다. 이 기계로 카카오버터를 분리해서 얻은 덩어리를 갈아 고운 가루로 만드는 것이 가능해졌다. 코코아 가루가 등장하면서 이제는 손쉽게 초콜릿 음료를 만들 수 있게 되었다. 그리고 반 후텐은 카카오 반죽에 분리한 카카오버터를 섞어 부드러운 고형 초콜릿을 만들었다. 반 후텐이 자신의 권리를 양도하면서 무한 초콜릿 경쟁이 시작되었다. 그의 영국의 두 고객 프라이^{Fry} 사와 캐드버리^{Cadbury} 사는 초콜릿 시장에 지체 없이 뛰어들었고, 판형 초콜릿과 다양한 초콜릿 과자가 생산되었다.

후추보다 더 좋은 향신료, 고추

고고학자들에 따르면 고추는 9,000년 전부터 멕시코에서 사용되었다고 한다. 고추가 유럽에 알려진 것은 콜럼버스가 아메리카 대륙을 발견하면서부터이다. '후추보다 더 좋은 향신료'라고 기록한 콜럼버스의 일기가 고추에 대한 최초의 기록인 셈이다. 그 이후 세계 전역으로 확산되어 16세기 초부터는 지중해 지역과 중부 유럽의 온대 지역, 그리고 인도와 아시아, 아프리카 등으로 퍼져 나갔다. 약 1세기 만에 고추는 전 세계로 퍼졌으며 전 세계인의 식탁에 자리 잡게 되었다.

유럽에 들어온 초기에는 수입에 의존했던 후추를 대신해서 매운

맛을 내는 데 쓰였다. 그래서 후추pepper와 전혀 종이 다른 고추가 '레드 페퍼'red pepper란 이름을 얻게 되었다. 유럽에서는 일반적으로 매운 고추보다는 순한 고추의 일종인 파프리카를 야채와 스튜 요리에 많이 사용하며, 그리스와 이탈리아, 헝가리에서는 매운 고추를 선호하는 편인데 우리가 먹는 고추에 비해서는 그리 맵지 않다. 이탈리아에서는 맵지 않은 붉은 고추가 마늘, 올리브유와 함께 스파게티 요리에 들어간다. 인도와 태국에서는 작고 매운 고추가 많이 사용되며, 특히 인도 아삼 지방에서는 세계에서 가장 매운 고추로 인정된 '부트졸로키아'라는 고추가 생산된다.

고추는 우리 식탁에서 빠질 수 없는 가장 중요한 향신료이지만 우리의 고추 역사는 400년밖에 되지 않는다. 고추는 17세기 초엽에 전래된 것으로 보이는데, 『지봉유설』(1613년)에서는 일본에서 전래된 고추를 두고 왜겨자倭芥子라고 기록하고 있다. 고추는 매운 특성 때문에 맵다는 뜻인 고苦자를 붙여 고초苦草라고도 불렀고 고추가 들어온 무렵에는 동남아시아 나라들에서 나는 후추라는 의미에서 남만초南蠻草라고 불렀다. 고추의 유래에 대해서는 일본 문헌에 임진왜란 시기 우리나라에서 고추 종자를 일본에 가져갔다는 기록이 있는 것으로 보아 일본이 아니라 동남아시아 나라들과 교역을 통해 직접 들여왔다는 주장이 있다.

우리나라에 들어온 고추는 김치와 만나면서 가장 중요한 조미료로 성장했다. 하지만 『지봉유설』에 고추를 술에 타 마셨다는 기록이

나오는 것으로 보아 처음에는 고추를 조미료로 사용하지 않았던 모양이다. 『본초강목습유』(1765년)에서는 "고추가 요즘 재배되어 시장에 많이 모여든다. 이 고추는 고추장을 비롯한 넓은 용도로 쓰인다."라고 기록하고 있다. 이때쯤에는 고추가 우리 식생활에 큰 영향을 미쳤던 것으로 보이며 김치와 고추의 결합 또한 이 시기에 이루어졌다.

고추와 결합하기 이전의 김치는 짠지 같은 소금 절임 형태였다. 중국에서도 약 3,000년 전 『시경』에서 '저'菹라는 이름으로 등장한다. 조선시대에 고추가 들어오기 전에는 생강, 산초, 겨자 등을 사용해서 매운맛을 냈으며, 붉은색은 자주색 갓이나 맨드라미 등으로 색을 냈다.

"잎줄기가 달린 무에 청각, 호박, 가지 등의 채소와 고추, 산초, 겨자 등의 향신료를 섞고 마늘즙을 넣어 김치를 담근다." 『증보산림경제』(1766)

『증보산림경제』에는 이밖에도 오이소박이, 동치미, 배추김치, 전복김치, 굴김치 등 다양한 김치를 담그는 법이 나와 있는데 이때부터 김치에 고추를 일상적으로 사용하였음을 알 수 있다. 고추는 김치의 부패를 막아 주었다. 그래서 소금을 덜 사용하게 되었고, 젓갈이나 생선이 김치 양념에 등장할 수 있었다.

옛날에는 속이 꽉 차지 않은 배추로 김치를 담갔다. 지금처럼 속이 꽉 찬 배추는 19세기 말에 중국 산둥 사람들에 의해 들어온 것이

세상을 바꾼 맛

다. 그때부터 기존 배추는 서울배추 혹은 개성배추로, 새로 들어온 것은 호배추로 불리게 되었다. 1980년대에 들어서면서 서울배추와 개성배추는 시장에서 사라졌고, 수확량이 많고 무게도 많이 나가는 호배추가 배추의 대명사가 되었다. 오늘날 우리가 먹는 통배추 김치의 역사는 100여 년에 불과한 셈이다.

chapter 6

단맛

달콤함의 유혹

‥ 사탕은 물론이고, 껌과 각종 과자, 탄산음료에는 꼭 설탕이 들어간다. 달콤한 유혹에 빠져 세계는 1인당 연간 평균 21킬로그램의 설탕을 소비하고 있다고 한다.

　설탕은 중세 시대까지만 해도 구하기 힘든 사치품이었다. 그러나 초콜릿과 커피, 차 같은 기호 식품이 유행하면서 유럽에서 설탕 수요가 급격히 늘어났다. 설탕의 인기가 높아지자 유럽은 아메리카 대륙에 대규모 사탕수수 농장을 만들고 노동력을 충원하기 위해 아프리카에서 흑인들을 사들였다. 달콤한 설탕 때문에 악명 높은 노예무역이 시작된 것이다. 노예 제도가 폐지되기 전까지 1,200만 명의 흑인들이 신대륙으로 노예로 끌려 왔다. 노동력이 충분히 확보되자 유럽은 사탕수수를 비롯하여 커피, 코코아 같은 돈이 되는 작물을 재배하기 위해 세계 곳곳에 식민지를 개척하여 단일 작물만 재배하는 플랜테이션 농장을 세웠다. 플랜테이션 농장은 식민지의 전통적인 농업을 파괴하고 다른 농사를 지을 수 없는 땅으로 만들어버려 과거 식민지였던 나라들을 여전히 가난에 허덕이게 만들었다. ‥

꿀을 만들어 내는 갈대, 사탕수수

"인도에서 자라는 갈대는 벌의 도움 없이도 꿀을 만들어 낸다. 그 식물은
열매를 맺지 않지만 대신 그 즙으로 마취시키는 음료를 만들어 낸다."

기원전 327년 알렉산더 대왕 휘하의 네아르쿠스 장군이 멀리 인
도에 원정을 갔을 때 사탕수수를 보고 한 말이다. 사탕수수는 기원
전 8000년 무렵 뉴기니에서 재배되기 시작해서 필리핀과 인도로 전
파되었다. 인도에서는 기원전 4세기에 이미 사탕수수로 결정 형태
의 설탕을 만들었다.

유럽에 설탕이 알려지고 점차 소비되기 시작한 것은 8세기가 지
나서다. 아랍인들이 711년 스페인을 침략하고 북아프리카와 지중
해 지역을 점령하면서 설탕 제조술이 퍼져나갔다. 아랍인들은 기후
가 따뜻한 지중해에 있는 시칠리아, 키프로스, 몰타, 로도스 섬과 북
아프리카와 스페인 남부 연안에 사탕수수를 들여와 경작하고 설탕
제조 기술을 보급하였다. 유럽인들은 1096년부터 약 200년 동안 진
행된 십자군 전쟁을 통해 설탕의 매력을 알게 되었다. 또한 그 경제
적 가치에도 관심을 갖게 되었다. 그래서 십자군들은 예루살렘 왕국
을 되찾고 그들이 정복한 지역에서 설탕 생산을 주도하기도 했다.

중세에 대상들은 사막 너머로부터 지중해 동쪽까지 설탕을 운반
하였다. 당시 유럽에서 설탕은 훌륭한 식품이자 비싼 약품이어서 부

베트남에 있는 사탕수수 농장

유하고 권력 있는 사람들만을 위한 사치품이었다. 향신료와 비단처럼 설탕은 베네치아를 거쳐서 유럽으로 퍼져 나갔다. 996년에 세워진 베네치아 공국은 중부 유럽과 흑해와 슬라브 국가로 설탕을 수출하여 부를 축적하였다.

육로를 통해 유럽의 다른 지역으로 설탕을 운반하려면 여러 곳에서 통행세를 물어야 했다. 비싼 설탕의 가격은 더욱 치솟을 수밖에 없었다. 도시나 영주들은 수익을 올리기 위해서라면 수단방법을 가리지 않았다. 결국 통행세를 가급적 피하기 위해 지중해 및 대서양의 해상로를 통해 설탕을 운반하고자 했다. 베네치아, 제네바, 북부 유럽의 한자 동맹의 항구들이 향신료와 더불어 설탕 무역의 중심지가 되었다.

1299년에 프랑스 백작부인이 남긴 가계부를 보면 설탕 가격은 같은 무게의 은값과 같았다. 16세기 초에도 손톱만 한 크기의 설탕이면 훌륭한 저녁식사를 할 수 있을 정도의 가치를 지녔다. 포르투갈과 스페인은 호사품인 설탕이 국가에 커다란 부를 가져다 줄 수 있다고 판단하고 유럽 시장을 겨냥해 그들이 장악한 대서양 제도에서 사탕수수를 재배하기 시작했다. 포르투갈은 1450년 무렵에 리스본에서 남서쪽으로 906킬로미터 떨어진 대서양의 섬 마데이라에서, 스페인은 인근에 있는 카나리아 제도에서 설탕을 생산했다.

설탕의 달콤함으로 시작된 노예무역

20세기 전까지만 해도 설탕을 생산하려면 엄청난 노동력이 필요했다. 사탕수수 베기, 사탕수수 분쇄와 수액 짜기, 수액을 달여서 졸이기, 졸여 만든 농축액(당밀)을 정화하고 결정화시키기, 건조시키기 등 모든 일에 사람 손이 필요했다. 노동력을 확보하는 일이 설탕 산업의 관건이었다. 사탕수수를 재배하기 시작한 포르투갈은 아프리카 원주민으로 이 문제를 해결했다. 1444년에 포르투갈의 해양 왕 엔리케는 아프리카 원주민 235명을 데려와 노예로 팔았다. 이로써 설탕 산업을 위한 노예무역의 첫 단추가 채워졌다.

16세기에 들어서 유럽에서 설탕 수요가 점점 증가했다. 사탕수수 재배지는 서인도 제도와 아메리카 대륙으로 확대되었다. 1493년에 콜럼버스는 신대륙으로 두 번째 항해를 떠날 때 스페인 카나리아 제도에서 사탕수수를 가지고 갔다. 신대륙에서 사탕수수가 처음 재배된 곳은 스페인령 산토도밍고(오늘날 도미니카 공화국의 수도)였다.

산토도밍고에서도 사탕수수 재배와 설탕 제조는 아프리카 노동력으로 이루어졌다. 처음에는 산토도밍고 원주민들도 동원되었지만, 신대륙 원주민들은 유럽에서 건너온 천연두를 비롯한 질병으로 인해 거의 전멸하다시피 했고 금광과 은광에 강제로 동원되어 다섯 명 가운데 네 명은 10년 이내 목숨을 잃었다. 그래서 부족한 노동력을 아프리카 노예들로 충당할 수밖에 없었다. 16세기 중반에는 150명 내지 200명의 노예를 소유한 농장들이 수두룩했다. 스페인 정착민들은 카리브 해에 있는 쿠바, 푸에르토리코, 자메이카로까지 사탕수수 농장을 확대해 갔다. 포르투갈도 브라질을 중심으로 아메리카 대륙에서 설탕을 생산하기 시작하였다.

초콜릿, 커피, 차 같은 기호 식품이 유럽에 소개되면서 설탕을 찾는 사람이 많아졌다. 그리고 설탕을 더 쉽게 구할 수 있게 되자 기호식품에 대한 수요 또한 증가하였고 설탕도 더 많이 필요해졌다. 17세기에 영국도 본격적으로 설탕 산업에 뛰어들었다. 1655년에 영국은 스페인 식민지인 자메이카를 공격해서 설탕 산업에 뛰어들었고, 프랑스, 덴마크, 네덜란드는 카리브 해에서 설탕 생산을 시작했다. 그들도 아프리카에서 노예를 실어 날랐다.

유럽인들은 아프리카에서 면직물과 총기 등을 팔고 흑인 노예를 사들였다. 그리고 카리브 해와 남아메리카에서 설탕 농장에 흑인 노예를 팔고 설탕을 사들인 다음 다시 유럽으로 돌아와 설탕을 팔아 돈을 벌어들였다. 유럽, 아프리카, 신대륙 세 대륙 간의 '삼각 무역'이 이루어졌다.

아프리카 서쪽 해안은 '노예해안' Slave Coast이라 불릴 정도로 노예를 실어가는 노예선들로 해안이 북적거렸다. 주민들은 노예 상인에 의해, 또는 백인에게 사들인 총으로 무장한 아프리카의 다른 부족민에 의해 납치되었다. 흑인 노예들은 두 사람씩 묶여 강제로 노예 운반선에 태워졌다.

노예 운반선 갑판 밑에 있는 선창의 높이는 1.5~1.8미터였다. 더 많은 노예를 싣기 위해 선창 바닥에 노예를 누이고 그 위에 선반을 놓아 또 노예를 실었다. 노예들은 웅크리고 앉아 있어야 했고 옆 사람과의 간격도 좁아 모로 누워 있어야 할 지경이었다. 게다가 노예들은 해도 달도 볼 수 없는 밑바닥 선창에서 여섯 명씩 긴 체인으로 묶이고 다시 두 명씩 족쇄를 찼다. 선창 앞쪽에는 남자, 뒤쪽에는 여자들이 자리를 잡았다. 선창은 건강을 해칠 정도로 공기가 나빴으며, 이곳에 촛불을 켜면 산소 부족으로 불이 꺼질 정도였다.

노예를 많이 태우려다 보니 물과 식량을 실을 공간이 부족해서 노예들에게는 거의 한 끼 식사만 제공되었다. 한 노예 무역선에서 제공하는 식사는 "중간 크기의 사발에 담긴 옥수수나 조로 만든 죽과 단지 하나에 담긴 물이 전부였다." 노예들은 처음 하는 항해라 멀미 때문에 토하기 일쑤였다. 또한 배에서 용변 보는 장소가 정해져 있다 하더라도 사슬에 묶여 있기 때문에 이동하기가 쉽지 않아 자신 또는 남의 용변 위에 누운 상태로 항해했다. 노예들은 구토와 이질에 걸려 설사에 시달려야 했는데, 위층에 누운 노예가 이질에 걸리면 설사가 아래층 노예들에게 그대로 떨어졌다. 토사물과 용변, 땀으로 뒤범벅되어 여행이 끝날 쯤에는 냄새가 지독했다. 냄새 때문에 멀리서도 노예선이 항구에 들어오고 있다는 것을 알 수 있을 정도였다고 한다. 이처럼 열악하고 가혹한 운송 과정에서 흑인 노예 200만 명 이상이 카리브 지역에 도착하기도 전에 각종 질병과 해상 사고로 죽었다.

배가 폭풍우를 만나 침몰하는 경우도 있었다. 1737년 뢰스덴 호는 716명의 노예를 태우고 남아메리카의 네덜란드령 수리남으로 향했다. 도착을 며칠 앞두고 폭풍우에 배가 기울자 선원들은 노예들이 올라오지 못하게 문을 닫아 버리고 자신들만 구명정을 타고 살아남

세 상 을 바 꾼 맛

설탕 생산을 위해 흑인들을 노예로 사고팔았다.

았다. 한 노예선 선장은 항해 중 물이 부족해지자 흑인 노예 132명을
바다에 던져 버리기도 했다.

　신대륙에 도착한 노예들 가운데 절반 이상은 3년을 못 넘기고 죽
음을 맞았다. 하루 20시간에 달하는 고된 노동을 견디기 힘들었기
때문이다. 4미터가 넘는 사탕수수를 커다란 벌채용 칼로 베다 보면
찔리고 감염되어 생명을 잃는 일이 다반사였고, 공장에서도 피곤에
지치거나 졸음을 이기지 못해 압착 롤러에 손가락이 끼는 일이 많았
다. 그래서 롤러 가까이에 손도끼를 준비해 두고 팔까지 롤러에 딸

1667년 카리브 해 인근의 설탕 제조 공장을 묘사한 그림이다.

려 들어가기 전에 손을 절단하기도 했다. 사탕수수 액을 끓여 설탕을 결정화하는 일 또한 고통스러웠다. 하루 종일 맨발로 서서 일해야 했던 노예들은 대개 다리 질병에 걸렸다. 병에 걸린 노예들을 돌보는 것보다 새로운 노예를 구입하는 편이 더 싸게 먹혔기 때문에 노예들은 끊임없이 죽어 나가고 새로운 노예들이 가혹한 노동에 투입되었다. 노예제도가 폐지되기 전까지 아메리카로 1,200만 명이 넘는 흑인 노예들이 잡혀 왔으며, 이 가운데 40퍼센트가 브라질과 서인도 제도의 설탕 산업에 투입되었다.

노예 노동으로 사탕수수 플랜테이션이 활발히 돌아가면서 유럽으로 수출되는 설탕의 양도 폭발적으로 늘어났다. 카리브 해에서 설탕 산업의 주도권을 쥔 영국은 설탕의 최대 소비국이었다. 1700년에는 연간 설탕 소비량이 2,000만 파운드였는데 1800년에는 1억 6,000만 파운드로 뛰었다. 100년 동안 여덟 배나 증가한 것이다. 오랫동안 일부 특권층의 사치품이었던 설탕은 차의 대중화와 더불어 서민들에게도 널리 퍼졌다. 산업혁명 시기의 공장 노동자들은 설탕을 듬뿍 탄 차와 빵으로 허기를 달랬다. 노예들의 피로 만들어진 값싼 설탕이 굶주린 노동자들의 열량 공급원이 되어 산업혁명에 기여한 셈이다.

식민지를 짓밟은 플랜테이션 농업

16세기에 설탕 산업을 위해 대규모로 사탕수수를 재배한 것이 플랜테이션 농업의 출발이었다. 플랜테이션 농업은 사탕수수 재배에서 보았듯이 주로 열대, 아열대 기후인 동남아시아와 아프리카 및 라틴아메리카에서 이루어지는 농업으로, 식민 지배자인 유럽인이나 미국인들이 자본을 투자하고 식민지의 원주민과 이주노동자의 값싼 노동력으로 이루어지는 농업이다. 플랜테이션 농업은 주로 단일작물을 재배하여 경제적 이익을 취하려는 목적에서 식민지를 중심으로 확장되었다. 특히 유럽과 미국 본국에서 돈벌이가 될 만한 작물들, 사탕수수, 카카오, 커피, 차, 바나나 등을 재배하는 플랜테이션이 늘어 갔다. 그중에서도 커피 재배는 매력적이었다.

19세기에 커피는 정신활성제 역할을 했다. 노동자들은 졸지 않고 계속 일하기 위해 커피에 의존했다. 그러나 커피는 기후가 맞지 않아 유럽에서는 재배할 수 없었다. 그래서 고소하고 매혹적인 커피 향기가 유럽의 카페와 가정으로 퍼져 나가는 만큼 식민지에 커피와 설탕 플랜테이션이 점점 늘어 갔다. 커피는 이제 또 다른 형태의 금이 되어 식민지 플랜테이션 노예들의 피와 땀을 짜냈다.

브라질은 커피 재배에 완벽한 토양 조건을 갖추고 있었다. 농장 주들은 노예를 동원해 원시의 숲으로 들어가 거대한 나무들을 한 그루도 남지 않을 때까지 베어 넘어뜨렸다. 잘린 나무줄기가 충분히 햇볕에 마르면 고의로 불을 질렀고, 회색 재를 걷어 내고 커피나무를 심었다.

1823년 프랑스와 스페인의 전쟁을 앞두고 해상봉쇄로 인해 커피 수입이 중단될 것이라고 하자 커피 가격이 치솟았다. 이때 브라질 커피의 생산량은 급속도로 늘어났다. 브라질의 커피 플랜테이션 농장 주들은 그 악명 높은 노예무역으로 아프리카의 서쪽 해안과 동쪽 해안에서 흑인 노예를 계속 수입했다. 그래서 1888년까지도 브라질에는 노예제도가 있었으며 노예의 발목에 쇠사슬을 채웠다고 한다.

브라질이 커피 생산 대국으로 부상하자 이에 자극받은 식민주의

수리남 커피 재배지에서 흑인 노예들이 커피를 빻고 있다.

자들은 커피의 주요 소비지로 부상하던 북아메리카와 가까운 중앙
아메리카에 플랜테이션을 만들었다. 동남아시아 지역에도 플랜테
이션이 더 만들어졌다. 프랑스인들은 인도차이나에, 영국인들은 말
레이 반도 남부에 있는 피낭과 말라카, 싱가포르와 부속도시에 커피
플랜테이션을 건설했다. 1898년 미국은 스페인과의 전쟁에서 이겨
미국 영토가 된 필리핀에 커피 플랜테이션을 만들었다. 프랑스인들
은 마다가스카르, 기아나 등을 커피 생산지로 만들었다.

　식민지 영토는 플랜테이션으로 이용되면서 열대의 처녀림과 처
녀지가 무차별적으로 파괴되었다. 또한 커피와 카카오 플랜테이션
은 식민지의 전통적이고 안정적인 농업을 파괴시켰다. 물론 독립한
뒤에는 거대 기업들에게 넘어가 플랜테이션이 큰 이윤을 올려 주기

도 했다. 그러나 1960~1970년대에 자원 선물시장이 등장하면서 커피나 설탕 그리고 카카오 등의 기호식품이 안정적으로 공급되면서 식민지에서 막 벗어난 아프리카 같은 신생국들은 더 이상 커피 등의 플랜테이션으로 부를 창출하는 것이 불가능해졌고, 커피 농장들이 문을 닫는 상황에까지 이르렀다. 아프리카인들은 다시 벼나 콩을 재배하고 싶었지만 이미 커피를 재배한 땅은 더 이상 작물을 재배할 수 없는 죽음의 땅으로 변해 있었다.

오늘날에도 많은 국가들이 수출만을 위한 단일 경작에서 벗어나지 못하고 있다. 프랑스의 식민지였던 세네갈은 농민들에게 땅콩 농사만을 짓도록 강요한다. 그리고 정부가 땅콩을 사들여 유럽으로 수출하지만 정부의 수출 가격에 비해 농민들은 헐값으로 농산물을 팔고 있다. 세네갈은 땅콩을 팔아서 쌀을 대량으로 구입할 수밖에 없다. 세네갈 국민들은 식량을 자급자족할 능력이 있는데도 식량을 수입해야만 한다. 따라서 오늘날 아프리카에서 발생하는 굶주림의 고통은 플랜테이션 농업의 결과라고 할 수 있다.

나폴레옹과
사탕무

1805년 스페인 남부 트라팔가 해전에서 영국의 넬슨 함대에 패해 영국 점령이 좌절되자 나폴레옹은 영국을 경제적으로 고립시키려고 영국 봉쇄령을 내렸다. 하지만 영국은 해운업에서 훨씬 우월하였기 때문에 이 작전은 실패로 돌아가고 오히려 프랑스가 고립되는 처지가 되고 말았다.

서인도 제도에서 들어오는 설탕 원료가 차단되자 나폴레옹은 1811년에 사탕무로 설탕을 제조하는 방법에 관심을 갖게 되었다. 사탕무는 오랫동안 채소로 또는 가축 사료로 재배되어 왔으며 1747년 독일의 화학자인 안드레아스 마르크그라프가 이미 사탕무에서 설탕을 만들어 내고 이 성분이 사탕수수의 설탕과 같다는 사실을 밝혀냈다. 나폴레옹은 프랑스에 사탕무 가공 공장 마흔 개를 세워 설탕 생산을 독려했다. 나폴레옹이 몰락한 뒤 이 산업은 일시적으로 쇠퇴했지만 1840년대에 다시 복구되어, 유럽에서는 비트라고 하는 자줏빛 사탕무에서 활발하게 설탕을 추출하고 있다.

chapter 7

감칠맛

과학과 식품

"과학과 기술은 한마디로 인간을 위한, 인간을 인간답게 해 주는 것이다. 무엇보다 폭발적으로 증가하는 지구 인구가 굶주림과 추위와 질병의 고통에서 헤어나도록 도와주는 것이어야 한다. 더불어 환경 친화적인 기술이어야 한다."

– 과학 평론가 강건일

•• 과학 기술의 발달은 식생활에 이전에 볼 수 없었던 엄청난 변화를 가져왔다. 냉장, 냉동 기술 덕분에 오스트레일리아의 쇠고기를 영국에서 사 먹을 수 있게 되었고, 국제 가축 시장에 붐이 일어났다. 또한 음식의 성분을 분석하여 괴혈병과 각기병 같은 질병을 치료할 수 있게 되었다. 과학은 맛을 인공적으로 합성하고, 유전자를 조작하여 병충해에 강하고 수확량이 더 좋은 작물을 만들었다. 쉽게 맛을 낼 수 있는 합성조미료와 식품첨가제 덕에 다양한 가공 식품이 나올 수 있었고, 유전자 조작 곡물은 식량 문제를 해결해 주었다. 그러나 인공적으로 만든 식품과 유전자 조작 식물은 여전히 논란이 되고 있다. 역사가 짧은 만큼 아직 미래에 어떤 결과가 나올지 확실치 않고, 유전자 조작 식물은 다국적 대기업의 배만 불려 주고 가난한 농민들을 도시 빈민으로 만들고 있기 때문이다. ••

전쟁이 만든 통조림

프랑스 혁명 이후 나폴레옹 군대는 혁명을 위협하는 유럽 국가들과 싸워야 했다. 그런데 긴 원정을 나서려면 전투 식량을 조달할 획기적인 방법이 필요했다. 그래서 민간을 대상으로 1만 2,000프랑의 상금을 걸고 음식 보존법을 공모했다. 1810년 니콜라스 아페르가 병조림을 만들어 상금을 차지했다.

아페르가 발명한 것은 조리한 식품을 주둥이가 넓은 병에 넣고 코르크 마개로 헐렁하게 막은 뒤 30분 내지 60분 동안 끓여서 병 안의 공기를 빼내고 단단하게 밀봉하는 방법이었다. 말하자면 통조림이 아니라 병조림이었다. 병조림은 곧바로 전쟁터에서 실제로 사용되었으며 오늘날에도 사용되는 식품 보존 방법이다. 하지만 유리병이라 흔들리는 해군 함정에서나 거친 산길을 행군해야 하는 보병에게는 불편했다. 게다가 총탄이 오가고 포탄이 터지는 전쟁터에서 깨지기 쉽다는 점이 치명적인 단점이었다.

비슷한 시기에 런던의 기계공 피터 듀란드가 얇은 철판에 주석을 도금한 원통 모양의 용기를 만들어 아페르와 같은 방식으로 음식을 보존하는 통조림 방법을 개발하였다. 1812년에 이 기술을 이용해 최초의 통조림 공장이 영국에 세워졌고 육 년 뒤에는 만족스러운 수준의 절인 쇠고기, 양고기와 야채 스튜, 송아지고기와 수프 통조림이 만들어졌다. 그러나 완벽하게 살균하지 못했기 때문에 문제가 자주

발생하였다. 최초의 병조림을 발명한 아페르의 조카 레몽 슈발리에
아페르가 1851년에 고압수증기를 이용한 살균기를 발명해서 특허
를 얻었다. 1853년에는 미국인 윈즐로가 고온에서 완벽하게 살균하
는 방법을 알아냈다. 드디어 미국에서도 최초의 대규모 통조림 공장
이 세워졌고, 1861년에 시작된 남북전쟁에서 통조림은 군인용 휴대
식량으로 널리 이용되었다.

전쟁은 수많은 희생을 낳았지만, 그 절박함 때문인지 획기적인
발명품을 탄생시키기도 했다. 전쟁이 낳은 통조림은 마트 진열대에,

우리 식탁에 엄청난 변화를 가져왔다.

통조림 가운데 가장 유명한 것은 스팸이다. 2차 세계대전 때부터 전 세계에 파병을 나가는 미군에게는 신선한 고기를 대신하여 스팸이 지급되었다. 미군이 주둔하는 국가에서는 스팸을 맛볼 수 있었고 스팸은 귀한 대접을 받았다. 우리나라에서는 동두천에 주둔한 미군 부대에서 나온 스팸을 이용하여 부대찌개라는 새로운 음식이 만들어졌다. 그러나 미국 군인들은 전투 식량인 스팸을 달갑게 보지는 않았다. 오늘날 불필요한 인터넷 메일을 스팸메일이라 부르는 것도 그래서이다.

인디언들을 몰아낸 냉장 기술

인류 역사에서 식품을 오래 보관하는 방법으로는 소금에 절이는 염장법과 건조 방법이 가장 널리 쓰이고 오래되었을 것이다. 하지만 지금은 냉장고가 가장 많이 쓰이고 있다. 그런데 냉장고가 나오기 오래전부터 인류는 음식을 시원하게 보관하면 오랫동안 보존할 수 있다는 사실을 알고 있었다. 중국에서는 기원전 1000년 무렵부터 지하실에 얼음을 채워 음식을 저장했고, 우리나라 신라시대에는 얼음을 채취해서 보관하던 석빙고, 조선시대에는 동빙고와 서빙고가 있었다.

자투리 고기의 신화
스팸

호멜사의 육가공 공장에서 햄을 만들고 나면 돼지고기 어깨살이 남았다. 남는 어깨살을 이용할 방법을 고민하다가 회사 소속 프랑스 요리사 장 베르네가 이 부위를 갈아 양념한 뒤 캔 속에 집어넣고 익히는 상품을 내놓았다. '스팸'SPAM이라는 이름은 돼지고기 어깨살과 햄Shoulder of Pork And haM의 머리글자를 따 만들었다고 전해진다.

2차 세계대전 때 미군 병사들에게 공급된 캔 제품 90퍼센트가 호멜사 제품이었다. 그중 오늘날까지도 널리 애용되는 제품이 스팸이다. 1937년에 출시된 스팸은 가격이 저렴하고 조리하기에 편리해서 많은 인기를 얻었다. 더구나 스타들을 동원한 광고에 힘입어 출시된 지 4년 만에 1,800만 킬로그램을 판매하는 성과를 거두었다.

2차 세계대전을 맞아 스팸의 생산은 가히 폭발적이었다. 미국은 독일군의 해협 봉쇄와 폭격 등으로 물자 수입이 어려워진 영국에 스팸을 대량으로 공급했고 영국은 '스팸랜드'라는 별명까지 붙게 되었다.

그러다 점차 액체가 기화될 때 주변 물체의 열을 빼앗아 간다는 사실을 조금씩 인식하게 되었다. 중국에서는 14세기에, 이탈리아에서는 17세기에 소금물이 증발할 때 물체의 열을 빼앗아가 소금물이 있던 용기가 차가운 상태를 유지한다는 사실을 알아내었다. 액체가 기화될 때의 기화열을 이용하는 지금의 냉장고와 비슷한 원리를 이미 터득했던 것이다.

18세기 중반부터 인공적인 냉장 보관 방법이 활발하게 연구되었다. 영국 글래스고 대학의 윌리엄 컬린은 낮은 온도에서도 기화하는 액체(냉매)를 이용해 온도를 섭씨 0도 이하로 맞출 수 있다면 얼음을 만들 수도 있으리라 생각했다. 그는 알맞은 냉매를 찾으려 애썼고, 에테르가 반 진공 상태일 때 증발이 매우 빨리 일어난다는 사실을 실험으로 확인했다. 1805년에 미국의 올리버 에번스는 한 단계 더 나아가 증기 펌프를 이용한 압축기로 진공 상태에서 냉매인 에테르가 증발돼 얼음이 만들어지는 냉장 장치를 만들었다. 그리고 마침내 1855년에 스코틀랜드의 인쇄공이었던 제임스 해리슨이 에테르를 냉매로 한 증기압축 냉장고를 개발했다. 이 냉장고는 때마침 열린 국제 박람회에 전시되었고, 해리슨은 '냉장고의 아버지'로 불리게 됐다. 냉장 기계는 육류를 장기간 보관하고 멀리까지 운반하는 문제를 해결해 주었다.

1877년에 에테르 대신 암모니아 압축 기계를 사용하여 배에 냉동고를 설치하는 데 성공하자, 아르헨티나에서 프랑스로 냉동육을

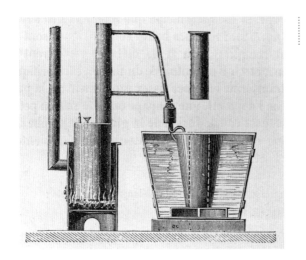

운반할 수 있게 되었다. 몇 년 뒤에는 오스트레일리아와 뉴질랜드의
쇠고기와 양고기가 영국까지 냉동선으로 운반되었다. 아메리카산
소고기는 비교적 가까운 영국의 시장을 점유하기 시작했다.

냉장, 냉동 기술로 인해 신선한 고기를 멀리까지 운송할 수 있게
되자 국제적으로 가축 시장이 호황을 누렸다. 미국에서는 원주민 인
디언들을 몰아내고 평원에 대규모로 소를 목축하였다. 1880년에 캔
자스에서는 가축이 20년 전보다 16배가 늘어났고, 네브래스카에서
는 30배로 늘었다. 아르헨티나에서도 목축업이 경제를 지탱하는 큰
축으로 자리 잡았다. 19세기 초반 산업혁명으로 도시 노동자가 급격
히 많아져 필요한 식량이 늘어난 상황도 대규모 목축업에 영향을 미
쳤다.

인공적으로 얼음을 만들 수 있게 되면서 어업에도 큰 변화가 있었다. 생선을 잡는 즉시 얼음에 채워 넣으면 냉각 상태로 시장까지 운반할 수 있었다. 도시 빈민들은 절인 생선 대신 싱싱한 청어와 대구를 맛볼 수 있게 되었다. 그 밖에도 여러 종류의 생선이 시장에 나와 바다 생선을 재료로 하는 요리가 발달하였다.

비타민의 발견

기나긴 항해를 하는 선원들에게 괴혈병은 오랫동안 두려움의 대상이었다. 배가 난파되어 죽는 사람보다 괴혈병으로 죽는 사람이 더 많았다. 옛날에는 괴혈병을 전염병으로 생각하고 병에 걸린 사람을 격리시켰다. 18세기 중엽 영국 해군 함정에서 한 수병이 두 다리가 퉁퉁 부어서 걸을 수 없게 되자, 선장은 전염을 막기 위해 그를 대서양의 황량한 섬에 내려놓았다. 버림받은 수병은 섬 여기저기에 무성한 싱싱한 풀을 씹으며 연명하였다. 그런데 놀랍게도 며칠 뒤에 얼마간 걸을 수 있게 되었고, 곧 기력을 회복했다. 그리고 다행히 지나가던 배를 타고 고향으로 돌아올 수 있었다.

짐승처럼 풀을 먹고 살았다는 그 수병의 이야기에 관심을 둔 사람이 있었다. 스코틀랜드 군의관인 제임스 린드 박사였다. 그는 영국 해군에서 근무했기 때문에 매년 수천 명의 수병이 괴혈병으로 사

망한다는 사실을 잘 알고 있었다. 린드 박사는 사람들의 보통 식사에 포함되지 않은 어떤 것이 그 풀 속에 있는지, 괴혈병과 음식 사이에 어떤 관계가 있는지 의문을 갖게 되었다.

1747년에 린드 박사는 괴혈병 환자 열두 명을 대상으로 오렌지와 레몬을 먹게 했고, "그것을 섭취한 어떤 사람들은 6일 만에 원상을 회복하였다."라고 밝혔다. 당시 의학계는 이러한 발견을 인정하지 않고 식사 때문에 괴혈병이 생긴다는 주장을 조롱하고 배척하였다. 그리고 어떤 선원들은 레몬주스를 마셨는데도 괴혈병에 걸렸다며 반박했다. 하지만 그들은 레몬주스를 끓여 마신 경우였다. 당시에는 레몬주스를 끓이면 괴혈병을 치료하는 비타민C가 파괴된다는 사실을 몰랐던 것이다.

47년이 지나 영국 해군은 이 실험을 다시 하였다. 23주 동안 항해하면서 전 해군 병사들에게 끓이지 않은 레몬주스를 충분히 마시게 했는데 아무도 괴혈병 증세를 보이지 않았다. 1년 후인 1795년에는 레몬주스(나중에 라임주스로 대체됨)가 영국 수병의 정규 식사에 포함되었다. 괴혈병은 이제 더 이상 바다의 무법자가 아니었다. 그러나 왜 레몬이 효과적인지는 쉽게 규명되지 않았다.

1900년대 초에 여러 과학자들이 괴혈병을 막는 물질을 추적하는데 많은 노력을 기울였다. 1931년에 원래보다 2만 배나 강한 레몬주스 농축액을 만들어 괴혈병을 막는 물질의 분자 구조를 밝혀냈고, 1935년에는 비타민C(아스코르빈산)가 대량 생산되었다. 일반 사람들이 사용하는 최초의 순수한 비타민이 탄생한 것이다.

비타민B군은 각기병을 연구하다 단서를 얻게 되었다. 네덜란드 과학자 에이크만은 각기병이 만연한 인도네시아 자바에서 근무하고 있을 때 도정된 쌀을 먹인 암탉들에게 각기병 증상이 나타나는 것을 발견했다. 그리고 도정하지 않은 쌀이나 쌀겨를 주면 신속하게 회복되는 것을 보고 쌀겨의 성분에 관심을 갖기 시작했고 1901년에 비로소 쌀 배아의 중요성을 규명해 냈다. 그때까지만 해도 에이크만이 발견한 것이 비타민인지를 깨닫지 못하다가 제1차 세계대전 직전에 비타민B$_1$을 효과적으로 분리할 수 있었다. 이후 20여 종의 비타민을 발견함으로써 비타민이 부족해서 생기는 질병을 예방할 수 있게 되었고, 동시에 식품의 영양과 균형 잡힌 식단에 대해서도 큰 관심을 갖게 되었다.

과학이 밝힌 맛의 비밀

발효빵을 제조하는 기술은 6,000년 이상 전수되고 발전되었지만 빵이 발효하는 이유를 알지는 못했다. 19세기에 들어 발효가 효모에 의해 이루어진다는 사실이 발견되었다. 1859년 프랑스의 과학자 파스퇴르가 맥주와 포도주의 발효 과정에서 효모가 당분을 분해할 때 알코올과 탄산가스가 만들어진다는 사실을 알아냈다. 그 뒤 덴마크

의 식물학자 한센은 효모를 분리 배양하는 방법을 개발함으로써 효모를 순수배양하고 대량생산할 길을 열어 주었다.

파스퇴르는 식품과학에 많은 공헌을 했는데, 1862년에는 당분이 분해되어 생긴 알코올이 다시 아세토박터균에 의해 아세트산으로 변하는 것을 연구하여 공업적으로 식초를 대량생산할 수 있는 방법을 알아냈다. 1865년에는 포도주에 새로운 발효가 일어나 신맛이 나게 하는 원인균을 살균하는 방법을 고안하였다. 파스퇴르는 몇 차례의 실험 끝에 섭씨 53도로 가열한 뒤에 즉시 식히면 포도주의 맛은 유지하면서 원하지 않는 미생물을 제거할 수 있다는 사실을 발견했다. 이 저온 살균법은 그의 이름을 따 파스퇴르법이라 불리며 포도주 제조뿐만 아니라 우유를 살균하는 데도 이용되고 있다.

과학의 발달로 맛에 대한 새로운 발견도 이어졌다. 100여 년 전

일본의 과학자 이케다 기쿠나에 박사는 두부전골의 미묘한 맛을 살려 주는 다시마 국물에 반해 맛의 정체를 연구하기 시작했다. 그리고 1908년에 다시마 국물에서 글루탐산을 추출하는 데 성공한다. 이로써 '감칠맛'이라는 새로운 맛이 발견되었다. 그 후 고다마 신타로가 가쓰오부시에서 이노신산을 추출하였고, 1957년에는 구니나카 아키라가 표고버섯에 있는 구아닐산이 감칠맛을 낸다는 점을 밝혀 냈다. 감칠맛을 내는 글루탐산, 이노신산, 구아닐산 성분은 다시마, 버섯, 토마토, 새우, 멸치, 조개, 가쓰오부시, 육류와 어류, 콩 등의 천연 식재료와 간장, 젓갈, 치즈 등과 같은 발효 식품 속에 있다. 일본어로 우마미うま味라고 하는 감칠맛은 이제 다섯 번째 맛으로 인정받고 있다.

논란의 음식, 합성조미료와 식품 첨가제

이케다 기쿠나에 박사는 글루타민산을 발견한 이듬해 맛의 정수라는 뜻인 '아지노모토'라는 회사를 차려 MSG(글루탐산나트륨)조미료를 내놓았다. 20세기 식품 분야의 가장 혁명적인 사건인 '합성조미료' 시대가 시작된 것이다. 하지만 일부 사람들은 MSG를 먹고 나면 혀의 감각이 무뎌지고, 발작 증세나 알레르기 반응을 일으키기도 했다. 심지어는 어지러움, 흉부 통증, 심장 박동수 증가, 호흡 곤란, 안

딸기 맛, 포도 맛, 오렌지 맛 등 다양한 맛과 향, 색깔을 내기 위해 식품 첨가물이 들어간다.

면 마비 같은 증세를 호소하기도 했다. MSG가 비만을 야기한다는 실험 결과도 있었다. 중국 음식점에서 특히 MSG를 과도하게 이용하기 때문에 이러한 증상을 '중국음식점 증후군'이라고 한다.

합성조미료에 대한 인식이 나빠지면서 사용을 자제하려는 움직임이 일어났고 식품 회사들도 자사 제품에 MSG를 사용하지 않는다는 광고를 하기도 한다. 하지만 1995년에 미국 식품의약국FDA은 MSG를 대다수 소비자에게 위험을 일으키지 않는 물질로 분류했고, 세계보건기구WHO와 유엔 식량농업기구FAO의 공식 입장도 그와 비슷했다. 또한 오늘날 우리가 사용하는 MSG는 자연에서 만들어진 것을 화학적인 방법으로 농축시켰을 뿐이므로 MSG 자체에는 문제가 없고 과도한 사용과 과도한 섭취가 문제라고 주장하기도 한다.

식품의 부패를 막는 방부제, 식품에 색을 더하거나 색을 탈색시키는 착색제나 표백제, 식품의 맛을 돋우거나 단맛을 강화하는 조미료와 감미료, 인공적으로 향을 내는 착향제, 분리되는 물질이 서로 섞이도록 하는 유화제는 과자나 인스턴트 식품 내용 성분에서 흔히 볼 수 있는 식품첨가물이다. 현재 우리나라에서 허용된 식품첨가물은 549종에 이른다.

가공식품이 늘어나면서 식품첨가물의 역할도 커졌다. 방부제를 넣지 않으면 햄, 소시지, 어묵 같은 식품을 대량생산할 수 없기 때문이다. 과거에는 경험적으로 식품 가공에 유용한 천연물질을 식품첨가물로 사용하였으나 현대에는 과학의 발달로 인공적으로 식품첨가물을 만들 수 있게 되었다. 따라서 안전성에 있어 우려를 불러일으키는 식품첨가물에 대한 규제도 강화되고 있다.

'사카린'이라는 식품첨가물은 단맛을 내는 대표적인 인공감미료이다. 사카린은 매우 달아 1만 배의 수용액에서도 단맛을 내기 때문에 설탕을 대체하는 식품으로 큰 인기를 얻었다. 그러나 한때 유방암 또는 방광암을 유발한다는 실험 결과가 나와 여러 국가에서 사용이 금지되었다. 현재는 다시 허용되어 점차 합법적으로 사용되고 있다. 최근 커피 광고를 통해 잘 알려진 카세인나트륨도 식품첨가물이다. 커피믹스에 들어 있는 프림이 바로 카세인나트륨인데, 우유 단백질인 카세인이 물에 잘 녹도록 수산화나트륨을 첨가한 것이다. 안정성에 대해 결론이 나지는 않았지만, 인공 식품에 대한 불안은 결코 사그라들 수 없는 문제이다.

유전자 조작 생물의 알 수 없는 미래

제2차 세계대전이 끝나고 개발도상국에서 인구가 폭발적으로 증가하자 심각한 식량 문제가 생겼다. 이는 경제 발전과 공업화에 최대 장애가 되었다. 그런데 1960년대 후반에 필리핀과 멕시코에서 곱절 이상의 수확량을 낼 수 있는 신품종 밀과 쌀이 개발되어 아시아 여러 나라에서 식량을 충당할 수 있게 되었다. 이 신품종에 의한 개발도상국의 급속한 식량 증산을 '녹색혁명'이라 부른다.

미국은 필리핀에 국제쌀연구소IRRI를 세웠고 '기적의 볍씨'라고 하는 IR8을 개발하였다. 이 쌀은 빨리 자라서 이모작이 가능할 뿐만 아니라 산출량도 많았다. 우리나라에서는 IR8를 들여와 연구를 거듭한 결과 한국 실정에 맞는 통일벼 계통의 신품종 육성에 성공하여 1974년 이래 쌀 자급을 이룩할 수 있었다.

과학기술을 이용하여 수확량이 높고 병충해에 강한 작물을 만들려는 연구가 활발하게 진행되었고, 1994년에는 이전까지와는 아주 다른 기술인 유전자 조작을 통해 무르지 않는 토마토가 개발되었다. 기존의 생물체 속에 다른 생물체의 유전자를 끼워 넣음으로써 기존의 생물체에 존재하지 않던 새로운 성질을 갖도록 한 유전자 조작 생물GMO이 탄생한 것이다. 무르지 않는 토마토는 미국 식품의약국의 승인을 받아 처음으로 개발된 유전자 조작 식물이었고, 그 이후로 콩, 옥수수, 감자 등으로 확대되었다. 처음에는 미국과 캐나다 등의 선진국에서 개발하여 재배되었으나 지금은 아르헨티나, 브라질 등의 나라에서도 유전자 조작 식물을 키우고 있다. 2007년까지 10년간 유전자 조작 식물 재배 면적이 50배 이상 늘어났고, 경작 면적 증가율도 해마다 10퍼센트를 넘었다. 2007년 기준, 23개 국가에서 유전자 조작 생물을 재배하고 있으며 전체 경작지의 8퍼센트가 유전자 조작 농산물 재배에 이용되고 있다. 그러나 유전자 조작 식품이 시장에 유통된 이후 논란도 끊이지 않고 있다.

유전자 조작 식품이 시장에 유통된 이후 논란이 끊이지 않고 있다.

"늘어나는 인구와 기아를 해결하기 위해 유전자 조작 생물은 반드시 필
요하다."

찬성하는 측에서는 유전자 조작을 통하여 식물이 빨리 자라고 산
출량을 늘릴 수 있고, 자라기 힘든 환경에서도 쉽게 재배할 수 있고,
병충해에 강하고 식물이 강해져 농약 사용을 줄일 수 있으므로 환경
에도 좋고 농약 잔류의 위험이 적은 안전한 식품을 제공할 수 있다고
주장한다. 그리고 최고의 생명 공학 전문가들이 만들고 미국의 식품

의약국이 안전을 보장했으므로 문제될 게 없다고 한다.

"종의 다양성을 위협하고 있다."

반면 반대하는 측에서는 효율성을 극대화하기 위하여 동일한 유전자로 만들어 버리면 생명의 유전자 다양성을 훼손시킨다고 주장한다. 지금 유전자 조작 생물은 원하는 유전자만 선택되고 당장 필요 없는 유전자는 버려진다. 그런데 버려진 유전자는 한번 사라지면 되돌릴 수 없기 때문에 훗날 유전자 조작 생물에 문제가 생겼을 때 그 문제를 풀 수 있는 방법이 없다. 그리고 유전자 조작 식물을 한번 심어 놓으면 개체 수가 걷잡을 수 없이 불어나 생물변종, 돌연변이종, 슈퍼 잡초와 해충이 탄생하여 생태계에 심각한 불균형을 초래할 것이라는 우려도 있다. 또한 유전자 조작 식품이 현재는 우리 몸에 별 문제가 없다고 해도 10년, 20년, 50년 후에는 어떨지 아무도 모른다. 몇몇 과학자들은 실험을 통해 독성, 알레르기 반응 가능성이 크다고 보고하고 있다.

그리고 유전자 조작 생물이 개발도상국의 빈곤과 기아 문제를 해결할 것이라는 다국적 기업들의 주장과는 달리 실제로는 식량난과 농민의 빈곤을 악화시켜 농촌 공동체를 파괴하고 있다고 주장한다. 다국적 기업들은 유전자 조작 작물 종자에 특허를 내 기술 사용료로 막대한 수익을 올리고 있다. 그러나 특허로 인해 종자 값이 올라가면 그 부담은 농민들에게 떨어진다. 농민들은 결국 비용을 감당할 수 없어 파산하고 농토를 넘기고 도시의 빈민이 되어 가고 있다고 한다. 멀지 않아 싼값에 대량으로 생산되는 유전자 조작 작물은 전 세계 빈민층의 주요 식량이 될 것이고, 이에 비해 소수의 부유한 사람들은 비싸지만 안전한 식량을 소비하게 될 것이다. 결국 부의 정도에 따라 GMO 와 non-GMO 소비계층으로 나뉠지도 모른다.

새로운 맛을
찾아서

"우리는 속도의 노예가 되었으며, 우리의 습관을 망가뜨리며,
우리 가정의 사생활을 침해하고, 우리로 하여금
패스트푸드를 먹도록 하는 빠른 생활
즉 음흉한 바이러스가 우리 모두를 굴복시키고 있다."
— 슬로푸드 운동 선언문

•• 21세기는 대량생산으로 인해 그 어느 때보다도 먹을거리에서 풍족함을 누리고 있다. 비만이 모든 질병의 근원이라고 하면서 다이어트에 열중하는 모습은 우리 주변의 일상이 되어 있다. 하지만 지구의 반대편에서는 먹을거리가 없어 기아로 수많은 사람들이 죽어가는 것 또한 우리의 현실이다. 한쪽에서는 먹을거리가 너무 많아 음식물 쓰레기가 넘쳐나고, 다른 한쪽에서는 먹을 것이 없어 진흙이라도 먹어 허기를 달래야 하는 아이러니컬한 상황이 현재 지구의 모습이다. 동물 단백질에 대한 과도한 집착은 대규모 공장식 축산을 낳았고, 인간에게 가야 할 곡물을 육류 단백질 생산에 막대하게 쏟아 붓고 있다. 가축을 먹일 곡물을 재배하기 위해 지구의 허파 아마존의 삼림이 파괴되고 있다. 또한 오늘날 사회는 과도한 경쟁으로 인해 생산성 향상만을 추구하고 있고, 먹을거리도 패스트푸드 위주로 변화하고 있다. 효율성이 지배하는 우리의 음식 문화에 슬로푸드 운동은 느린 음식 문화로 우리 생활을 바꿔야 할 때가 되지 않았는지 생각하게끔 한다. ••

되풀이되는 기아 문제

아이티의 아이들이 배고픔을 달래기 위해 진흙으로 만든 쿠키를 먹는다는 사실을 알고 많은 사람들이 큰 충격을 받았다. 땅속에서 파낸 진흙과 마가린, 소금을 섞어 햇볕에 말린 진흙쿠키는 먹을 것이 없는 아이들에게 포만감은 줄지 모르지만 각종 기생충과 질병에 시달리게 한다.

"10세 미만의 아동이 5초에 1명씩 굶어 죽어 가고 있으며, 세계 인구 7분의 1에 이르는 8억 5,000만 명이 심각한 만성영양실조 상태에 있다."
유엔 식량농업기구 보고서(2005년 기준)

기아는 현재만의 문제가 아니라 역사와 함께 되풀이되는 문제였다. 대기근은 주기적으로 수많은 사람들의 목숨을 앗아갔다. 가뭄, 집중호우, 홍수, 이상 한파, 태풍, 농작물 병충해, 곤충 떼 출몰 등과 같은 자연재해는 농사 자체를 불가능하게 하거나 농작물을 망쳐 식량 공급을 어렵게 만들었다. 프랑스는 11세기에 스물여섯 번, 18세기에는 열여섯 번 끔찍한 기근을 겪어야 했다. 한 연대기 작가는 1032년과 1033년 사이의 기근을 이렇게 말했다. "끔찍한 배고픔에 사로잡혀 죽은 짐승 고기를 비롯해서 아무 고기나 먹고 그 외의 어떤 더러운 것들도 다 먹어치웠다. 어떤 이들은 나무뿌리와 수초를 먹어 죽음을 면해 보려고 했으나 소용이 없었다.…… 오 불행이여, 기아의 광증은 인육을 먹도록 만들었다."

전쟁은 농경지를 황폐화시키고 농사를 지을 인력까지 빼앗아갔다. 19세기 나폴레옹 군대는 다른 국가를 침략하면서 군량을 확보하지 못하도록 농작물을 불태우거나 식량을 불태워 버리는 군사 작전을 벌여 일반인들까지 기아에 시달리게 했다. 또는 한 지역을 봉쇄해 식량 공급을 차단하기도 했다. 2차 세계대전 때 독일군은 1941년 가을부터 1944년 봄까지 900일 동안 러시아의 레닌그라드(현재 상트 페테스부르크)를 봉쇄했다. 식량뿐만 아니라 연료조차 완전히 바닥을 드러내자 추위와 굶주림에 죽은 사람이 넘쳐났다. 오늘날에도 종족 간의 갈등이나 다이아몬드나 금, 석유 같은 자원 때문에 전쟁이 일어나 수많은 난민이 발생한다. 난민 캠프에서 목숨을 부지하고 있는 아프리카 난민이 1,000만 명이 넘는다.

19세기 후반 산업혁명으로 생산성이 눈부시게 향상되면서 전반적으로 물질적인 결핍은 상당히 완화되었는데도 기아의 고통은 사라지지 않았다. 게다가 이해할 수 없는 것은 지구는 현재보다 더 많은 인구를 먹여 살릴 수 있다는 사실이다. 1984년 유엔 식량농업기구 평가에 따르면, 지구는 120억의 인구를 먹일 식량을 생산할 수 있었다. 2012년 현재 세계 인구는 70억 정도이다.

물론 단순하게 생산 능력으로만 따질 수는 없다. 자연재해로 인해 수요에 비해 식량 공급이 부족해지면 곡물 가격이 급등한다. 결국 차드, 에티오피아, 아이티 같은 가난한 나라 사람들은 곡물 가격을 감당할 수 없어 굶주릴 수밖에 없다. 그러나 공급이 부족할 때만 곡물 가격이 상승하지는 않는다.

2006년부터 2010년 사이에는 쌀과 옥수수 등 곡물 생산량이 사상 최대였는데도 곡물 가격이 상승했다. 투기적 자본이 세계 곡물 시장의 가격을 좌지우지했기 때문이다. 그들은 제3세계의 굶주림에 대해서는 눈곱만큼도 관심이 없다. 또한 먹을거리로 자본을 축적하려는 메이저 곡물상들이 세계 식량 거래 질서를 교란시켜 힘없는 사람들은 식량을 구할 수 없어 굶주리게 된다. 게다가 내부가 정치적으로 어지러운 국가에서는 군부나 대표성이 없는 사람들이 폭력적으로 권력을 잡고, 그 권력으로 자원을 독점하여 지배 세력 내부에서만 이를 분배함으로써 농민들은 농지가 없어 농사를 짓지 못하고 기타 소득도 없어 굶어죽게 된다.

장 지글러는 『왜 세계의 절반은 굶주리는가』에서 유일한 기아 대책에 대해 이렇게 말했다.

"무엇보다도 인간을 인간으로서 대하지 못하게 된 살인적인 사회 구조를 근본적으로 뒤엎어야 해. 인간의 얼굴을 버린 채 사회윤리를 벗어난 신자유주의, 폭력적인 금융자본 등이 세계를 불평등하고 비참하게 만들고 있어. 그래서 결국은 자신의 손으로 자신의 나라를 바로 세우고, 자립적인 경제를 가꾸려는 노력이 우선적으로 필요한 거야."

공장형 축산의 뒷모습

오늘날 소와 기타 가축들은 지구상에서 생산되는 곡물의 3분의 1을 먹어치우고 있다. 미국만 보더라도 미국에서 생산하는 콩 90퍼센트, 옥수수 80퍼센트, 평균적으로 곡물의 70퍼센트가 가축 먹이로 사용된다.

대규모로 가축을 사육하는 공장형 축산은 식량 배분에 있어 큰 문제가 되고 있다. 한 미국 대학의 연구에 따르면 미국 내 가축에게 먹이는 곡물 양이라면 4억이 넘는 사람들을 먹여 살릴 수 있다고 한다. 지구상에서 해마다 4,000만~6,000만 명이, 그것도 대부분 아이들이 굶주림과 그에 따른 질병으로 죽어 가고 있다. 전 세계적으로 가축 대신 인간을 먹이는 데 곡물을 이용한다면 10억 이상의 사람들을 먹여 살릴 수 있을 것이다. 더구나 100그램의 고기를 얻는 데 최대 5.4킬로그램의 곡물이 들어간다고 하니 육류 단백질 생산의 비효율성 또한 생각해 봐야 한다.

또한 대규모 축산은 공기와 수질을 오염시키고 토양을 악화시키며, 기후 변화를 야기하는 원인이기도 하다. 축산 단지는 온실 효과를 일으키는 메탄, 이산화탄소, 일산화질소 등을 방출한다. 축산업이 배출하는 이산화탄소 양은 전 세계 총 배출량의 18퍼센트를 차지한다. 전 세계 모든 운송 수단이 배출하는 양인 13.5퍼센트보다 더 높다. 목축장을 만들기 위해 지구의 허파인 숲을 불태울 때도 엄청난 이산화탄소가 발생한다. 또한 대규모 축산에 필요한 사료를 실어 나르는 데 쓰이는 연료 또한 이산화탄소 배출량의 큰 부분을 차지한다. 게다가 소들이 먹는 사료용 곡물을 생산하는 데 사용되는 석유 화학 비료 또한 질소산화물을 뿜어낸다. 마지막으로, 소들 자체가 강력한 온실 가스인 메탄가스를 뿜어낸다. 계속해서 늘어난 소들은 지난 수십 년간 메탄가스 방출량을 크게 증가시켰다. 축산업에서 배출되는 메탄가스 양은 인간이 배출하는 전체 양의 37퍼센트에 이른다.

윤리적인 측면에서 가축의 사육 환경과 도축 과정도 문제가 되고 있다. 공장식 사육장에서는 소를 비롯한 거의 모든 가축이 움직이기 힘든 비좁은 공간에서 사육되고 있다. 비좁은 공간에 사육되는 가축은 질병에 노출되기 쉽기 때문에 당연히 항생제가 투여된다. 도축장으로 옮겨질 때도 미국처럼 국토가 넓은 곳에서는 화물용 기차나 트럭에 실려 여러 날 이동하기도 하는데, 운반되는 도중 넘어지는 소는 대개 다른 소들에게 밟혀서 죽는다. 새끼를 낳게 할 목적으로 사육되는 암퇘지는 각각 한 칸의 좁은 우리에서 사육된다. 새끼를 낳을 때가 되면 분만실로 옮겨져 설 수도 돌아누울 수도 없이 한 옆으로 누워 있어야 한다. 이렇게 하는 이유는 오로지 금전적으로 가치 있는 새끼가 어미에게 눌려 압사당하지 않게 하기 위해서이다. 현대의 공장식 사육장에서 사육되는 젖소의 운명 또한 다르지 않다. 평생 단 한 번도 푸른 풀밭을 밟아 보지 못하고, 태어나서 죽을 때까지

젖소들이 기계처럼 젖을 생산하고 있다.

좁은 우리에 끈으로 묶인 채 시멘트 바닥을 밟고 서서 젖을 생산해야 한다. 공장식 사육장의 젖소들은 대개 해마다 새끼를 낳아야 한다. 9개월의 임신 기간을 거쳐 새끼를 낳기 때문에 매년 새끼를 낳는 것이 어미 소에게는 매우 곤욕스러운 일인데, 송아지에게 젖을 빨려야 할 시기에도 인공 수정으로 수태를 시킨다. 결국 이런 젖소는 아홉 달의 임신 기간 중에도 일곱 달은 젖을 생산하게 된다.

생명체가 누려야 할 최소한의 권리마저 누리지 못하게 만들고, 모든 것을 금전적 가치와 효율성으로만 계산하는 공장식 축산의 절정은 광우병이라는 비극으로 나타나고 있다.

슬로푸드, 슬로우 라이프

슬로푸드slow food 운동은 패스트푸드fast food에 대항하여 시작되었다. 1986년 영화 '로마의 휴일'로 유명해진 로마의 스페인 광장에 미국 패스트푸드의 대명사인 맥도널드가 문을 열자 이탈리아 북부 피에 몬테 지방의 언론인 카를로스가 슬로푸드 운동을 시작했다. 슬로푸드 운동은 맛을 획일화하고 전통음식을 소멸시키는 패스트푸드와 달리 식사의 소중함과 미각의 즐거움을 되살리고 전통음식을 보존하려는 운동이다. 이탈리아의 한 지방 도시에서 시작된 운동은 현재 120여 개국 8만 명의 유료 회원을 가진 세계적 운동으로 발전하였다.

슬로푸드 운동은 패스트푸드를 반대하는 데 그치지 않고, 현대 음식의 문제점을 해결하는 방안을 제시하고 있다. 현대 음식은 식재료를 산업화된 농업에 주로 의존하고 있기 때문에 안전성에 문제가 있다. 슬로푸드 운동은 산업형 농업보다 전통적인 농업을 더 중시하고, 특히 거대 기업농보다는 소생산자를 보호하는 데 역점을 두고 있다. 또한 슬로푸드 운동은 지역 농업을 중시하는데 친환경적일 뿐만 아니라 지역 농산물이기 때문에 소비자가 잘 알고, 또 음식을 알고 먹을 때 먹는 즐거움이 커진다고 보기 때문이다. 슬로푸드 운동은 농업 생산도 세계시장을 위한 생산보다는 그 지역 주민을 위한 생산이어야 한다고 강조한다. 슬로푸드 운동은 각 지역의 역사, 각 지역의 조건과 특성, 각 지역에 필요한 농업 생산을 중요하게 여긴다.

그리고 슬로푸드 운동은 미각을 중요하게 여겨 미각 교육프로그램을 운영하고 있다. 현대 음식은 지역에 관계없이 미각을 표준화하는 경향이 있다. 맛이 표준화되면 각 지역의 특산물이나 그 지역 음식에 대해 가졌던 미각을 잃게 되고 결국에는 지역의 전통적인 음식이나 지역의 농산물에 대한 수요나 관심이 줄어들게 된다.

마지막으로 슬로푸드 운동은 음식의 다양성을 지지하고 지원한다. 음식에 대한 쇼비니즘이나 문화적 우월성에 반대하고, 각 지역에서 생산된 재료를 가지고 그 지역에서 오랫동안 내려온 지역 음식이나 민족 음식이 중요한 의미를 갖는다고 생각한다. 슬로푸드 운동은 최근에 홈페이지에 슬로푸드 플래닛planet을 열었다. 여기서는 특정 지방의 음식과 볼거리, 잘 곳 등을 소개함으로써 음식의 다양성 및 생활의 다양성 유지에 기여하고 있다.

슬로푸드 운동은 멸종할 위기에 처한 음식, 농산물, 고유 문화를 살리고 가치를 부여하는 의식화 운동이라고도 할 수 있다. 그리고 올바른 음식, 안전한 음식, 공정한 음식에 대한 관심은 생태 환경과

세상을 바꾼 맛

사회 환경과 따로 얘기할 수 없다. 그 음식의 원료가 생산되는 땅과 바다, 또 원료가 유통되고 가공되는 사회 경제적 조건에도 관심을 기울여야 하므로 슬로푸드 운동은 생태 환경 운동이자 사회 경제적 운동으로 확장되고 있다.

슬로푸드 운동은 현대 문명을 속도 전쟁으로 보고, 패스트푸드도 속도 전쟁

슬로푸드 운동의 상징 달팽이

의 산물로 보고 있다. 슬로푸드 운동이 느림의 대표 상징인 달팽이를 앞세우듯, 이 운동은 '속도'에 지배당하는 현대인들에게 '느림'이란 화두를 던진다. 다시 말해 우리가 지금 처한 속도의 문제가 단지 먹을거리에만 국한된 것이 아니라는 말이다. 생산성 향상만을 위해 속도를 강조하다 보니 우리의 존재 방식도 바뀌었고, 환경과 경관도 위험해졌기 때문에 이에 대한 총체적인 대안을 추구해야 한다는 것이다. 이제 슬로푸드 운동은 '느림'의 철학과 이념을 실천하는 삶, 슬로우 라이프를 요구하고 있다.

어릴 적 어머니를 따라 가을에 메주를 쑤고 한 겨울 말리고 발효시킨 메주 덩어리로 따스한 봄날에 간장을 담갔다. 고추장을 담는 날에는 엿기름을 고은 단물을 한 그릇 얻어먹으려고 부뚜막에 앉아 솥에서 끓는 엿기름을 열심히 젓기도 했다. 김장 때가 되면 마당 한 귀퉁이에 김장독을 파묻는 일을 도맡아 했고, 동치미, 갓김치, 총각

장독에는 대를 물려 내려오는 집안의 보물이 있었다.

김치, 배추김치 등을 며칠에 걸쳐 담는 어머니를 도왔다. 일을 도우면서 맛을 익혔다. 그런데 단독주택에서 아파트로 이사한 뒤로는 이모든 일들이 하나둘씩 사라져 버렸다. 이제 많은 이들이 그렇듯이마트에서 간장, 된장, 고추장을 사먹고, 김치조차노 사먹는 일이 잦아졌다. 우리의 음식 맛은 장맛이라고 했다. 집집마다 장을 담갔으니 음식의 기본 양념인 장맛에 따라 음식 맛이 다 달랐다.

세 상 을 바 꾼 맛

그런데 이제는 어느 상표의 장을 사다 먹으니 맛은 통일되고 균일화되어 버렸다. 편리하고 더 합리적이라는 이유로 품과 정성을 들이고 오랜 시간 맛을 내기를 기다리는 여유가 사라져 버렸다. 이미 반 조리되어 있는 레토르트 식품을 사먹는 것도 흔한 일이다. 어머니가 끓여 주는 된장국이 주는 따스한 느낌과 고향집 친구들과 어울려 민물고기 매운탕을 먹던 추억도 이젠 먹을거리에 담겨 있지 않다. 누구는 과거지향적이라고 말할 수도 있겠지만, 지금까지 속도와 경쟁 속에 자원 개발이라는 이름 아래 자연을 깎아먹고 풍요라는 미명 아래 먹을거리를 대량 생산했다면, 요즘에는 삶의 여유와 함께 자연과 더불어 살며 소박하고 참맛을 주는 먹을거리에서 즐거움을 찾으려는 움직임이 점점 늘어가고 있다.

먹을거리는 계급이 되기도 하고, 큰돈이 되는 무역 상품이 되기도 하고, 탐험을 떠나게 만들고 식민지를 개척하고 노예제도를 탄생시킨 계기가 되기도 했다. 때로는 먹을거리가 우리 생활을 바꾸기도 하고, 우리의 가치관이 음식 문화에 반영되기도 했다. 역사의 흐름 속에는 늘 먹을거리의 역사가 함께했다. 먹을거리의 오랜 역사를 되새기며 현재의 먹을거리와 앞으로 씌어질 역사는 어떠했으면 좋을지 생각해 볼 때가 아닐까?

참 고 문 헌

제 1 장

폴 프리드먼 엮음, 주민아 역, 『미각의 역사』, 21세기북스, 2009년

하인리히 E. 야콥 저, 곽명단 · 임지원 역, 『빵의 역사』, 우물이 있는 집, 2005년

케이티 스튜어트 저, 이성우 외 편역, 『식과 요리의 세계사』, 동명사, 1991년

이성우, 『한국식품문화사』, 교문사, 1984년

이성우, 『한국요리문화사』, 교문사, 1985년

윤덕노, 『신의 선물 밥』, 청보리, 2011년

오카다 데쓰 저, 이윤정 역, 『국수와 빵의 문화사』, 뿌리와 이파리, 2006년

왕런샹 저, 주영하 역, 『중국음식문화사』, 민음사, 2010년

제 2 장

맛시모 몬타나리 저, 주경철 역, 『유럽의 음식문화』, 새물결, 2001년

하이드룬 메르클레 저, 신혜원 역, 『식탁 위의 쾌락』, 열대림, 2005년

마귈론 투생-사마 저, 이덕환 역, 『먹거리의 역사 상』, 까치, 2002년

박인숙 외 6인 공저, 『발효 식품』, 파워북, 2012년

앤드류 댈비 저, 강경이 역, 『치즈의 지구사』, 휴머니스트, 2011년

이미화 · 공윤조 저, 『젓갈』, 김영사, 2004년

오쿠보 히로코 저, 이언숙 역, 『에도의 패스트푸드』, 청어람, 2004년

제 3 상

피에르 라즐로 저, 김병욱 역, 『소금의 문화사』, 가람기획, 2001년

마크 쿨란스키 저, 이창식 역, 『소금』, 세종서적, 2003년

마귈론 투생-사마 저, 이덕환 역, 『먹거리의 역사 상』, 까치, 2002년

이영숙 저, 『식탁 위의 세계사』, 창비, 2012년

제 4 장

정한진, 『향신료 이야기』, 살림, 2006년

가일스 밀턴 저, 손원재 역, 『향료전쟁』, 생각의 나무, 2002년

장-잭 터너 저, 정서진 역, 『스파이스』, 따비, 2012년

마리 펠트 저, 김중현 역, 『향신료의 역사』, 좋은 책 만들기, 2005년

고바야시 다카시 저, 이진복 역, 『상업의 세계사』, 황금가지, 2004년

주경철, 『대항해시대』, 서울대학교출판부, 2008년

하인리히 E. 야콥 저, 박은영 역, 『커피의 역사』, 우물이 있는 집, 2002년

톰 스탠디지 저, 차재호 역, 『역사 한잔 하실까요?』, 세종서적, 2006년

정한진, 『초콜릿 이야기』, 살림, 2006년

사라 모스 · 알렉산더 바데녹 저, 강수정 역, 『초콜릿의 지구사』, 휴머니스트, 2012년

베아트리스 호헤네거 저, 김라현 · 조미라 역, 『차의 세계사』, 열린세상, 2012년

케네스 벤디너 저, 남경태 역, 『그림으로 본 음식의 문화사』, 위즈덤하우스, 2007년

제 5 장

주경철 저, 『문화로 읽는 세계사』, 사계절출판사, 2005년

톰 스탠디지 저, 박중서 역, 『식량의 세계사』, 웅진지식하우스, 2012년

21세기연구회 저, 홍성철 · 김주영 역, 『진짜 세계사, 음식이 만든 역사』, 월간쿠켄, 2008년

쓰지하라 야스오 저, 이정환 역, 『음식, 그 상식을 뒤엎는 역사』, 창해, 2002년

마귈론 투생-사마 저, 이덕환 역, 『먹거리의 역사 하』, 까치, 2002년

캐럴 헬스토스키 저, 김지선 역, 『피자의 지구사』, 휴머니스트, 2011년

김만조 · 이규태 저, 『김치 견문록』, 디자인하우스, 2008년

제 6 장

가와기타 미노루 저, 장미화 역, 『설탕의 세계사』 좋은 책 만들기, 2003년

시드니 민츠 저, 김문호 역, 『설탕과 권력』, 지호, 1998년

박은주 · 엄우흠 · 고주희 저, 『설탕』, 김영사, 2005년

윌리엄 더프티 저, 이지연 · 최광민 역, 『슈거 블루스』, 북라인, 2006

케네스 포머런츠 · 스티븐 토픽 저, 박광식 역, 『설탕, 커피 그리고 폭력』, 심산, 2003

댄 쾨펠, 김세진 역, 『바나나-세계를 바꾼 과일의 운명』, 이마고, 2010년

제 7 장

도현신, 『전쟁이 요리한 음식의 역사』, 시대의 창, 2011년

오카다 데쓰 저, 정순분 역, 『돈가스의 탄생』, 뿌리와 이파리, 2006년

리다 사비텔로 저, 최정희 외 역, 『음식에 담긴 문화 요리에 담긴 역사』, 대가, 2011년

레이 태너힐 저, 손경희 역, 『음식의 역사』, 우물이 있는 집, 2006년

김정은 저, 『감칠맛의 비밀』, 랜덤하우스코리아, 2009년

최춘언 저, 『알기 쉬운 비타민 이야기』, 식품저널, 2009년

아베 쓰카사 저, 안병수 역, 『인간이 만든 위대한 속임수 식품첨가물』, 국일출판사, 2006년

제 8 장

반다나 시바 엮음, 송민경 역, 『테라 마드레』, 다른, 2009년

장 지글러 저, 유영미 역, 『왜 세계의 절반은 굶주리는가?』, 갈라파고스, 2007년

월든 벨로 저, 김기근 역, 『그 많던 쌀과 옥수수는 모두 어디로 갔는가』, 더숲, 2010년

마일즈 리트비노프 · 종 메딜레이 저, 김병순 역, 『인간의 얼굴을 한 시장경제, 공정무역』, 모티브북,
　　　2007년

강수돌, 『살림의 경제학』, 인물과 사상, 2009년

제레미 리프킨 저, 신현승 역, 『육식의 종말』, 시공사, 2002년

존 로빈스 서, 안의정 역, 『존 로빈스의 음식혁명- 육식과 채식에 관한 1000가지 오해』, 시공사,
　　　2011년

김종덕, 『슬로푸드 슬로라이프』, 한문화, 2003년

김종덕, 『먹을거리 위기와 로컬푸드』, 이후, 2009년

브라이언 핼웨일 저, 김종덕 외 역, 『로컬푸드』 이후, 2006년

팀 랭 · 마이클 헤즈먼 저, 박중곤 역, 『식품전쟁』, 아리, 2007년

www.slowfood.com

www.wikipedia.org

소 장 처

31쪽 | 피터 브뤼헬, 〈시골의 결혼식〉(1568)
미술사 박물관kunsthistorisches museum, 오스트리아 빈

56쪽 | 일 소도마 〈성 베네딕트와 함께 식탁에 앉은 수도사들〉(1505~1508)
몬테 올리베토 마조레 수도원Abbazia di Monteoliveto Maggiore, 이탈리아

58쪽 | 피테르 클라스, 〈청어와 맥주가 있는 풍경〉(1636)
보이만스 반 뵈닝겐 미술관museum Boijmans van Beuningen, 네덜란드 로테르담

87쪽 | 장 밥티스트 고티에 다고티, 〈마리 앙투아네트의 초상〉(1775)
베르사유 궁Chateau de Versailles, 프랑스 베르사유

101쪽 | 고흐, 〈감자 먹는 사람들〉(1885)
반 고흐 미술관van gogh museum, 네덜란드 암스테르담

115쪽 | 장 에티엔느 리오타르, 〈초콜릿 나르는 소녀〉(1743~1745)
알테 마이스터 미술관Gemædegalerie Alte Meister, 독일 드레스덴

사 진 출 처

77쪽 | http://en.wikipedia.org/wiki/File:Vascodagama.JPG
83쪽 | http://www.rogersfamilyco.com/index.php/the-history-of-the-coffeehouse
113쪽 | Christine McFadden & Christine France, *Le grand live du chocholat*, p.15 (Manise, Genève, 2000)
132쪽 | Jean-Baptiste du Tertre, *Histoire générale des Antilles habitées par les Français, 4 vols.* (T. Lolly, Paris, 1667).

1. 문명의 시작 요리	고등학교	**세계사**	II-1 도시 문명의 성립
		동아시아사	I-3 농경과 목축, 문명을 낳다
			I-4 국가의 성립과 발전
2. 신맛 – 발효 식품	중학교	**역사(상)**	VII-5 신을 위한 문화, 인간을 위한 문화
	고등학교	**세계사**	II-2 지역 문화의 형성과 제국의 발전
3. 짠맛 – 소금과 저장 식품	고등학교	**세계지리**	II-2 유럽의 다양한 축제와 지역 특성
		세계사	VII-3 인도 동남아시아의 민족 운동
			III-4 유럽 문화권의 형성과 크리스트교의 확산
			IV-3 유럽의 경제 성장과 지중해 교역
4. 쓴맛 – 향신료와 기호 식품	중학교	**역사(상)**	IX-2 이슬람 세계의 확대
			IX-4 세계로 나아가는 유럽, 그 빛과 그림자
	고등학교	**세계사**	II-3 지역 문화의 접촉과 교류
			IV-2 이슬람 세계의 교역 확대
			IV-3 유럽의 경제 성장과 지중해 교역
			V-3 유럽 사회의 변화와 절대주의의 등장
			V-4 교류의 확대와 세계적 교역망의 형성

			VI-2 시민 혁명과 근대 국민 국가의 형성
5. 매운 맛 – 새로운 먹을거리의 도래	고등학교	**세계지리** **세계사**	아메리카의 다양한 혼합 문화 V-3 유럽 사회의 변화와 절대주의의 등장
6. 단맛 – 달콤함의 유혹	중학교 고등학교	**사회 3** **세계사**	II-1 농업의 변화에 따른 지역 변화 V-3 유럽 사회의 변화와 절대주의의 등장 VI-3 산업 혁명과 산업화 사회 VII-1 제국주의 국가의 세계 분할
7. 감칠맛 – 과학과 식품	고등학교	**세계지리** **사회 · 문화**	IV-1 자원의 생산과 소비 IV-1 사회 불평등 현상으로서의 사회 계층
8. 새로운 맛을 찾아서	중학교 고등학교	**사회 3** **세계지리**	III-2 전 지구적 차원의 환경 문제 VI-3 환경 문제와 국제 협력